Gerhard Wagner

Das wissen die Götter!

Redewendungen aus der Antike

Für meinen Latein- und meinen Griechischlehrer,
die damit niemals gerechnet hätten

Gerhard Wagner

Das wissen die Götter!

Redewendungen aus der Antike

REGIONALIA

Vom selben Autor sind erschienen:

»Schwein gehabt! Redewendungen des Mittelalters«
»Wer's glaubt wird selig! Redewendungen aus der Bibel«
»Da kräht kein Hahn nach! Redewendungen aus der Natur«

15. Auflage 2026

Gerhard Wagner
Das wissen die Götter!

Regionalia Verlag
ein Imprint der Kraterleuchten GmbH
Gartenstraße 3, 54550 Daun

Einbandgestaltung: Lydia Muhr, agilmedien Niederkassel
Layout & Satz: A. Aspropoulos

Hergestellt in der Europäischen Union, Finidr, CZ

ISBN 978-3-939722-52-6

www.regionalia-verlag.de

MIX
Papier aus verantwortungsvollen Quellen
FSC® C014138
FSC www.fsc.org

Inhalt

Vorwort

„Sich mit fremden Federn schmücken"

Wenn man sich mit Redewendungen näher beschäftigt, wird man unweigerlich in andere Zeiten und Kulturkreise versetzt. Es ist erstaunlich, wie viel Einfluss fremde Kulturen auf unsere Sprache gehabt haben. Die Sprache wimmelt geradezu von Redensarten, die ihre Wurzeln in Religion, Handwerk, Geschichte, Mythologie, Natur, Märchen, Militär und anderen Zusammenhängen haben. In meinen Büchern „Schwein gehabt!" und „Wer's glaubt wird selig!" bin ich bereits auf Redensarten eingegangen, die sich aus historischen Quellen des Mittelalters und der frühen Neuzeit sowie aus dem Alten und Neuen Testament herleiten lassen.

Aber auch das klassische Altertum hat deutliche Spuren in unserer Sprache hinterlassen. Das hat etwas mit der überragenden Bedeutung zu tun, die diese Periode für die europäische Kultur hat. Die lange und große Tradition der griechischen und lateinischen Literatur – Texte von Herodot und Platon, Caesar und Cicero wurden in den Höheren Schulen im Original gelesen – hat auch die Sprache geprägt. Übertragungen von Homers „Ilias" und „Odyssee" gehörten noch vor wenigen Jahrzehnten zum Standard-Lesestoff der Jugend im Gymnasium, und Achilleus und Odysseus waren Figuren, mit denen sich Jugendliche ebenso identifizierten wie mit Karl Mays Winnetou und Old Shatterhand.

Dies mag sich inzwischen deutlich abgeschwächt haben, mit dem Wort „Castor" wird heutzutage ein Transportbehälter von radioaktivem Material identifiziert, während der gleichnamige Zwillingsbruder des Pollux in Vergessenheit geraten ist. Das Interesse an den archaischen Mythen hat nachgelassen, von gelegentlichen Ausnahmen wie dem „Troja"-Film von 2004 abgesehen, der aber nur oberflächliche Ähnlichkeit mit Homers Epos hat, und mehreren sehr freien Adaptionen antiker Stoffe. Die Unterhaltungsindustrie produziert ständig neue Helden, und so haben Batman und Spiderman schon vor einiger Zeit Odysseus und Herakles abgelöst, die Argonauten sind untergegangen und haben dem Raumschiff Enterprise Platz gemacht.

Die Sprache aber ist, bei aller Wandlungsfähigkeit, ein ***Museum*** von historischen Ausdrücken. Diese sind meist auf dem Umweg über die klassische Bildung der letzten 200 Jahre in unsere Sprache gelangt, manchmal auch über die deutschen Klassiker wie Schiller oder Goethe, die sich aus dem Fundus der Antike bedienten – ***Was tun, sprach Zeus*** ist ein Beispiel.

Es gibt eine ganze Reihe von Wörtern und Redewendungen, die, kaum noch als solche bemerkt, ihren Weg aus der Antike in unseren alltäglichen Wortschatz gefunden haben. Redewendungen wie ***In Morpheus' Arme sinken*** oder ***Eine Sisyphusarbeit verrichten*** und Ausdrücke wie ***Achillesferse*** oder ***Ödipuskomplex*** sind bekannte Vertreter aus dieser Gruppe, auch wenn die Bedeutung dieser klassischen Anspielungen kaum noch jemandem bekannt sein dürfte. Vor gar nicht langer Zeit war die Zahl der an antike Sagen erinnernden Redensarten sogar noch erheblich größer. Heute in Vergessenheit geraten sind Redewendungen wie ***Midasohren haben, Aus dem Lethebecher trinken*** oder ***Auf das Prokrustesbett spannen.*** Redewendungen sterben nun mal aus, wenn sie nicht mehr benutzt werden, besonders wenn ihr Bezug im Bewusstsein der Bevölkerung nicht mehr präsent ist.

Bei diesem Buch handelt es sich nicht um eine wissenschaftliche Abhandlung; es will vielmehr auf unterhaltsame Weise zeigen, dass man viele Redewendungen auf antike Wurzeln zurückführen kann. Erläutert werden heute noch gebräuchliche und von jedem gemäß ihrer Aussage verstandene Redensarten wie ***Die Büchse der Pandora öffnen*** oder ***Eulen nach Athen tragen.***

Insgesamt sind vier Kapitel entstanden. Zwei große Abteilungen widmen sich jeweils der Mythologie und der Historie, jede noch einmal in die griechische und die römische Tradition unterteilt. Die Abfolge der Artikel innerhalb der Kapitel richtet sich nach inhaltlichen bzw. historischen Gegebenheiten. So sind innerhalb der mythologischen Themen die Redewendungen aus Sagenkreisen wie denen um Herakles oder der Odyssee im Zusammenhang behandelt. Ebenso werden Redensarten aus Politik, Philosophie, Kultur, Literatur oder Architektur in Folge dargestellt.

„Zustände wie im alten Rom“

Bei den historischen Fakten kann man selbstverständlich sauber trennen – ein ***Scherbengericht*** fand nun mal in Griechenland statt, dagegen konnte man nur in Italien ***den Rubikon überschreiten.***

Bei der Mythologie ist das etwas komplizierter. Der griechische Götterhimmel und die Heldensagen wurden nämlich von den Römern adaptiert, weil die Kultur der Griechen der römischen zu Beginn des „römischen Zeitalters“ weit überlegen war. Viele Götter der Römer wurden mit den griechischen gleichgesetzt, zum Beispiel Jupiter mit Zeus oder Neptun mit Poseidon. Durch den starken Einfluss der griechischen Literatur wurden auch die Heldensagen romanisiert; so wurde der eigentlich griechische Nationalheros Herakles als Herkules auch in Rom verehrt. Insofern kann in den Kapiteln die Regel, griechische und römische Mythologie zu trennen, nicht konsequent durchgehalten werden; so kommt die ***Achillesferse*** im griechischen Kapitel vor, die sprichwörtlichen Brüder ***Castor und Pollux*** dagegen wegen der Schreibweise im römischen, obwohl sie eigentlich griechische Sagenhelden waren.

Bei der Erläuterung der Herkunft der Redewendungen ergab sich die Schwierigkeit, auf begrenztem Raum teilweise umfangreiche inhaltliche Zusammenhänge zu erklären. Sowohl bei den mythologischen Themen wie bei denen aus der Geschichte war es unmöglich, komplizierte Verwicklungen der Handlung wie beispielsweise in der Tantalos-Sage oder verfassungsrechtliche Probleme wie bei der Überschreitung des Rubikon durch Julius Caesar in wenigen Worten zu erklären. Hier ist der Leser aufgerufen, durchaus noch einmal die „Sagen des klassischen Altertums“ oder ein Geschichtsbuch in die Hand zu nehmen; vielleicht ist die Lektüre des vorliegenden Buches ja der Anlass, wieder einmal in die Sagenwelt des Altertums einzutauchen oder gar Tacitus zu lesen.

Auch seien die Schwierigkeiten nicht unerwähnt, sich bei der Erklärung der Herkunft einer Redewendung für eine bestimmte Sagenvariante zu entscheiden. Für Leser, die sich intensiver mit der Materie beschäftigen wollen, seien die teilweise sehr aufschluss- und kenntnisreichen Beiträge im Internetlexikon Wikipedia empfohlen.

Wenn man sich mit den klassischen Sagen beschäftigt, stellt man schnell fest, dass meist die latinisierten Namen der Protagonisten im Gebrauch sind. „Apollo“ und „Herkules“ sind gute Beispiele dafür, von eingedeutschten Versionen wie „Apoll“ oder „Achill“ ganz zu schweigen. In diesem Buch wird in der Regel der Originalname verwendet, also Achilleus statt Achilles. Eine Ausnahme ist natürlich, wenn die lateinische Namensform Grundlage einer Redewendung geworden ist wie in ***Eine Herkulestat vollbringen.***

Aber es geht ja in diesem Buch nicht um die Antike selbst, sondern um die Spuren, die sie in unserer Sprache hinterlassen hat. Dafür will das Buch die Augen öffnen. Wenn dabei ab und an etwas Augenzwinkern im Spiel ist, sollte man nicht gleich ***aus einer Mücke einen Elefanten machen.***

Bevor man sich also ***im Labyrinth*** der Sprache verirrt und niemand mehr weiß, woher das ***Damoklesschwert*** seinen Namen hat, kann man mit diesem Buch, ***epische Breite*** vermeidend, ***den Pegasus reiten.*** Denn auch wenn es eine ***Sisyphusarbeit*** zu sein scheint, steigen wir noch nicht ***in den Hades hinab,*** und bevor wir ***wie Herkules am Scheidewege*** stehen oder gar ***wie Ikarus abstürzen,*** werden wir den ***Rubikon überschreiten.*** Das ist dann kein ***Pyrrhussieg,*** sondern das ***Nonplusultra.***

Quo vadis? Das wissen die Götter ...

Gerhard Wagner

Kapitel 1

Von Achillesferse bis Zankapfel

Redewendungen und Begriffe aus der griechischen Mythologie

„Ein Chaos hinterlassen“

eine große Unordnung verursacht haben

Chaotische Zustände sind so ziemlich das Gegenteil dessen, was der ordentliche Bürger mag. Leider gibt es die sehr häufig, in der Politik, in der Ehe, im Verkehr, im Kinderzimmer ... Dabei meint dieser Begriff aus der griechischen Mythologie nicht das, was wir heute unter einem Chaos verstehen. Denn bevor die Erde geschaffen wurde, so schreibt Hesiod, der große Dichter und Mythensammler, war das Chaos der Urzustand der Welt. Dieser Zustand ist am besten mit einer völligen Leere zu beschreiben, mit dem Nichts, wo ja auch keine Ordnung herrscht. Der Begriff Chaos kommt vom altgriechischen Verb für „gähnen“ – es handelte sich also um eine „gähnende Leere“. Die Ordnung – der „Kosmos“ – entstand dann später. Seit dem 17. Jahrhundert erst hat sich der Begriff „Chaos“ für Unordnung, Durcheinander eingebürgert. Ob das Schimpfwort „Chaoten“ für Leute, die offenbar jegliche Ordnung nicht nur ablehnen, sondern auch bekämpfen, korrekt ist oder nicht vielmehr die gähnende Leere in deren Köpfen bezeichnet, sei dahingestellt.

„Chronische Schmerzen haben“

lang andauernde Qualen erleiden

Chronische Schmerzen sind lästig, denn sie nehmen kein Ende. Sie haben ihren Namen nach dem griechischen Gott der Zeit, Chronos. Dieser wird gelegentlich mit Kronos, dem obersten Gott des Goldenen Zeitalters, verwechselt. Im Unterschied zu dem fast abstrakten Zeitgott, der in der Antike keinen eigenen Kult hatte, war Kronos der Sohn des Uranos und Vater des Zeus. Seine Geschichte ist etwas unappetitlich. Nicht nur, dass er gegen den eigenen Vater rebellierte und ihn schließlich mit einer Sichel entmannte; aus Furcht vor einem ähnlichen Schicksal fraß er seine eigenen Kinder auf. Nur Zeus blieb, dank einer List seiner Mutter Rhea, verschont und konnte seinen Vater dazu zwingen, die verschluckten Geschwister – Hera, Hestia, Demeter, Poseidon und Hades – wieder auszuspucken. Vom Zeitgott Chronos, nach dem das Chronometer benannt ist, sind aus der Antike keine Standbilder bekannt; er wird erst seit dem 14. Jahrhundert als Greis mit einem – zu dieser Zeit erfundenen – Stundenglas dargestellt.

„Titanische Gewalten"

unvorstellbare Kräfte

Es gibt kaum etwas, das von „titanischen Gewalten" übertroffen werden könnte. In der Skala der Kräfte scheinen die der Titanen die gewaltigsten gewesen zu sein – nicht zufällig nannte man das größte damals gebaute Schiff „Titanic". Ein Schwesterschiff sollte übrigens ursprünglich „Gigantic" heißen, wovon allerdings nach dem Untergang der Titanic Abstand genommen wurde; nun nannte man es unverfänglich „Olympic". Titanen waren ein urtümliches Göttergeschlecht des Goldenen Zeitalters. Als Söhne des Uranos und der Erdgöttin Gaia wurden sie von dieser gegen ihren Vater aufgewiegelt, was damit endete, dass der Titan Kronos seinen Vater besiegte und entmannte. Die handgreifliche Geschichte ging damit weiter, dass Kronos, nun an der Macht, seine Geschwister in den Tartaros sperrte und seine eigenen Kinder verschluckte, weil er sich vor ihnen fürchtete. Gaia gab ihm anstelle des Sohnes Zeus einen Stein in einer Windel zu fressen, was nicht unbedingt für die Aufgewecktheit dieses Gottes spricht. Und tatsächlich entmachtete nun wieder Zeus seinen Vater und etablierte die Herrschaft der Olympier.

„Das ist ja gigantisch!"

Das ist überwältigend groß.

Wer ist größer: ein Gigant, ein Titan oder ein Zyklop? In der griechischen Mythologie variieren die Größenangaben, aber auf jeden Fall handelt es sich bei allen drei Gestalten um Riesen, deren Namen heute noch als Adjektive für die größenmäßige Einordnung von überdimensionalen Erzeugnissen aus Menschenhand dienen, aber auch bei außergewöhnlich großen Tieren wie den Walen, den „Giganten der Meere". „Gigantische" Kulissen bei Open-Air-Konzerten sind mittlerweile die Regel. Die Giganten waren ein Riesengeschlecht, das aus den Blutstropfen entstand, die zur Erde fielen, als der Gott Kronos seinen Vater Uranos entmannte. Sie erhoben sich gegen die olympischen Götter, wurden aber von diesen besiegt und vernichtet. Das Aussehen der Ungetüme wird ebenfalls unterschiedlich geschildert, auf vielen Darstellungen werden sie mit Schlangen als Beinen gezeigt – furchterregend, aber sicher etwas unpraktisch in der Fortbewegung. Jedenfalls müssen sie sehr groß gewesen sein – gigantisch eben.

„Das Goldene Zeitalter"

paradiesische Zustände

Auf Hesiod gehen die meisten unserer Informationen über die antike Mythologie zurück. Er zählt eine Abfolge von verschiedenen Zeitaltern auf, die sich – allerdings in absteigender Qualität – aneinanderreihen. Das erste, das Zeitalter des Gottes Kronos, nannte er das „Goldene", eine dem Garten Eden vergleichbare Epoche, in dem die Menschen fast wie Götter leben konnten. Danach folgten – ähnlich wie heute die olympischen Medaillen – das Silberne und dann das Bronzene Zeitalter. Dann folgte das so genannte „Zeitalter der Heroen", der Helden Herakles und Achilleus, der Argonauten und des Trojanischen Krieges. Hesiod selbst, geboren vor 700 v. Chr., lebte nach eigener Einschätzung im Eisernen Zeitalter, einer rohen und gewalttätigen Epoche, weshalb er seine Zeitgenossen zu sittlichem Lebenswandel aufrief. Im Deutschen spricht man seit dem 16. Jahrhundert vom Goldenen Zeitalter als einem utopischen Paradies; heute wird der Begriff meist für die Hervorhebung legendärer Kulturepochen benutzt, zum Beispiel des „Goldenen Zeitalters der Photographie"; häufig spart man sich sogar das „Zeitalter" und spricht nur von den „Goldenen 20er-Jahren".

„In Arkadien leben"

in friedlicher, glücklicher Umgebung

Im Rokoko führte die Übersteigerung der höfischen Lebensweise in gewissen Kreisen zu einer Rückkehr zum genauen Gegenteil, der ländlichen Idylle, zurück zur Natur inklusive Schäferstündchen. Aber auch in der Zeit des Hellenismus, also den drei Jahrhunderten vor der Zeitenwende, hat schon einmal eine Verklärung des Landlebens stattgefunden; dabei wurde die historische Landschaft Arkadien, ein im Zentrum der Peloponnes gelegenes, abgeschlossenes Hochland, als idealer Ort gepriesen. Eben weil dort seit Alters her von der Zivilisation unverdorbene Hirten ihr einfaches Leben führten, schien hier noch das Goldene Zeitalter anzudauern, in dem die Menschen, scheinbar unbelastet von mühsamer Arbeit und gesellschaftlichen Zwängen, in einer idyllischen Natur zufrieden und glücklich lebten; ob die so Verherrlichten in Arkadien das auch so sahen, ist nicht überliefert.

„Was tun, sprach Zeus"

Ich weiß nicht mehr weiter ...

Normalerweise ist bei uns der römische Jupiter populärer als sein griechisches Pendant Zeus. Aber wenn für eine verfahrene Situation keine Lösung in Sicht ist, entfährt so manchem der Stoßseufzer: „Was tun, sprach Zeus ...", ohne dass der Betreffende weiß, wer Zeus war, geschweige, aus welchem Zusammenhang dieses Zitat stammt. Hier geht es nämlich nicht um Homer, sondern um ein Gedicht Friedrich Schillers. Er nutzt eine antike Szenerie, um sein humanistisches Bildungsideal zu erläutern. Nach dem Muster einer Sage schildert er Zeus, also Gott, wie er den Menschen, nach Berufsgruppen aufgeteilt, die Welt schenkt. Als der Dichter erscheint, ist alles verteilt und nichts für ihn übrig. Der Poet beschwert sich darüber, weil er sich inzwischen am Wahren, Guten, Schönen erfreut habe. Und an dieser Stelle stößt der Allmächtige den Seufzer aus: „Was tun?" spricht Zeus, „die Welt ist weggegeben / Der Herbst, die Jagd, der Markt ist nicht mehr mein." Um aber doch die Lösung zu finden: „Willst du in meinem Himmel mit mir leben / So oft du kommst, er soll dir offen sein." Dem ist wenig hinzuzufügen, außer dass Banausen, denen weder Zeus noch die Poesie heilig sind, den Satz so abwandeln: Was tun, sprach Zeus, die Götter sind besoffen ...

„Unter der Ägide leben"

unter der Obhut sein

Heute wird die Ägide meist mit der Ära gleichgesetzt. Sie ist aber viel mehr, denn der Begriff hat seine Wurzel in der antiken Götterwelt. Zeus, der oberste Gott, beteiligte sich normalerweise nicht an den Auseinandersetzungen der Menschen, ganz im Gegensatz zu seinen Götterkollegen, die zum Beispiel im Trojanischen Krieg eifrig mitmischten, und zwar auf beiden Seiten. Trotzdem war eines seiner Attribute ein großer Schild, wie ihn ein Hoplit im Kampf trug. Dieser Schild, von Hephaistos angefertigt und „Aigis" genannt, wurde von Zeus nicht defensiv, sondern offenbar zu meteorologischen Zwecken gebraucht, denn wenn er ihn schüttelte, konnte er Sturmwolken erzeugen. Aber wegen der eigentlichen Funktion des Schildes wird mit „Ägide" ein Schutzverhältnis bezeichnet, in dem sich jemand gegenüber einem Mächtigeren befindet, der ihn unter seine Obhut genommen hat, weshalb hier die Präposition „unter" die Beziehung korrekt beschreibt.

„Schön wie ein junger Gott“

von geradezu übernatürlicher Schönheit

Apollon galt als der schönste der olympischen Götter. Er wurde von Bildhauern als Jüngling dargestellt. Bis auf den Göttervater Zeus, seine Brüder Poseidon und Hades und den missgestalteten Schmied Hephaistos zeigen die Götterstatuen ausschließlich idealisierte Männer und Frauen in der Blüte ihrer Jugend – sogar die Göttermutter Hera konnte sich mit den jüngeren Athene und Aphrodite hinsichtlich ihrer Schönheit messen und vor Paris zum Schönheitswettbewerb antreten. So galten die olympischen Götter Apollon, Hermes und Ares als Inbegriff der Schönheit und Jugend, von den Damen Hera, Demeter, Artemis, Athene, Aphrodite und Hestia ganz zu schweigen. Jung und schön blieben sie durch die Götterspeise Ambrosia ja immer, denn sie unterschieden sich, bei allen menschenähnlichen Eigenschaften wie Hass, Neid oder Liebe, in einem von den Menschen: Sie waren unsterblich.

„Das wissen die Götter!“

Das ist ganz ungewiss.

Dass Gott allwissend ist, ist für jeden Christenmenschen so sicher wie das Amen in der Kirche. Aber galt das auch für die Götter der Antike? Das darf mit Fug und Recht bezweifelt werden, selbst Zeus kam nicht gegen das Schicksal an. Gerade dieser Zeus, ein bekannter Schürzenjäger, konnte seine Gattin Hera ein ums andere Mal durch geschickte Mimikry hinters Licht führen, indem er sich in ein Tier oder einen Goldregen verwandelte; dass Hera nichts davon ahnte, dürfte Beweis genug sein für ihre nicht vorhandene Allwissenheit. Insofern ist auch der meist mit einem resignierenden Schulterzucken geäußerte Hinweis auf die wissenden Götter, der sich zur Redensart entwickelt hat, eher ironisch gemeint. Der Spruch geht zurück auf eine bei Homer vorkommende Beteuerung des Wortlauts „Das ruht im Schoße der seligen Götter“, was soviel bedeutet wie, dass man dagegen nichts ausrichten kann. Die Formulierung „Das wissen die Götter!“ ist nachweisbar schon um 1700; bei Kleist heißt es: „Das mögen die gerechten Götter wissen“. Also: Irren ist menschlich, aber auch göttlich!

„Auf dem Olymp sein"

auf dem Höhepunkt der Karriere ankommen

Den Olymp gibt es wirklich. Er ist der höchste Berg Griechenlands, die Spitze in 2900 Metern oft in Wolken gehüllt. Die antiken Menschen stellten sich seinen Gipfel als Wohnsitz der Götter vor, so ähnlich wie viele Christen den Himmel. Dort wohnten die zwölf Hauptgötter, die so genannten Olympier, weshalb man sich den Berggipfel im übertragenen Sinn wie einen Palast vorstellen muss, in dem der Hausherr, Zeus, mit seinen Geschwistern und Kindern residierte. Dazu gehörten seine Schwester und Gemahlin Hera, seine Geschwister Poseidon, Demeter und Hestia – sein Bruder Hades als Herr der Unterwelt zählt nicht dazu – und seine Kinder Ares, Hephaistos, Artemis, Apollon, Hermes, Athene und Aphrodite. Tochter Hebe spielte die Rolle des Personals an der göttlichen Tafel und reichte den Verwandten Nektar und Ambrosia. Auch wenn es natürlich eine Menge weit höherer Gipfel gibt, dient der Olymp auch weiterhin als Metapher, wenn man den Gipfel des Ruhmes erreicht hat, und wurde sprichwörtlich noch nicht vom Everest abgelöst.

„Wie Nektar und Ambrosia"

himmlisch schmeckende Genüsse

Eine der Wortschöpfungen der Konsumindustrie lautet „Nektar" und bezeichnet nicht etwa einen besonders hochwertigen Fruchtsaft, sondern das genaue Gegenteil: mit Wasser verdünnte Getränke, die nur einen geringen Anteil an echtem Saft besitzen, billig hergestellt und angeboten. Die Bezeichnung wird dem ursprünglichen Träger des Namens nicht gerecht. Bei dem mythischen Getränk Nektar – und seinem Speise-Pendant Ambrosia – handelte es sich um die Götternahrung, denn auch die Unsterblichen brauchten etwas zu essen und zu trinken. Deutungsversuche der Substanz dieser olympischen Nahrungsmittel haben so etwas wie Honig ergeben. Ein Schelm, wer Böses dabei denkt, wenn ausgerechnet minderwertige Saftgetränke nach dem legendären Göttertrank benannt werden. Der Begriff „Götterspeise" ist ebenfalls diesem Sagenkontext entnommen, bezeichnet aber auch nur eine billige Süßspeise aus Geliermitteln, Zucker, Aroma- und Farbstoffen. In weniger (ein)gebildeten Kreisen ist das in Rot, Grün und Gelb erhältliche Dessert auch als „Wackelpudding" bekannt.

„Hermetisch verschlossen"

luftdicht versiegelt

Nach Einstein ist nichts schneller als das Licht. Da befand sich der geniale Physiker im Irrtum; der antike Gott Hermes war, dank kleiner Flügel an seinen Stiefeln, überlichtschnell und damit ein physikalisches Phänomen. Als einer der zwölf Olympischen Götter war er – unter anderem – der Schutzgott der Reisenden und der Kaufleute, der Redekunst und der Wissenschaften. Und hier kommen wir der Bedeutung des Ausdrucks „hermetisch verschlossen" näher: Als Wissenschaftspatron war Hermes mit der Chemie und der damals damit verwandten Alchemie verbunden. Mittelalterliche Alchimisten nannten die Möglichkeit, ein Gefäß dicht zu verschließen, „cum sigillo hermetis", mit dem Siegel des Hermes. Die „Hermeneutik", die Wissenschaft vom Erklären und Verstehen, ist ebenfalls nach ihm benannt, weil er die Botschaften der Götter an die Menschen überbrachte und auch interpretierte. Unter Altphilologen wird es gern belächelt, dass sich ein bekannter Paketdienst nach dem Überlichtschnellen benennt.

„Die Büchse der Pandora öffnen"

etwas Unheilbringendes erfinden

Die Büchse der Pandora ist gewissermaßen das Gegenteil eines Füllhorns, denn sie enthält nur Unheil. Als Göttervater Zeus sich darüber geärgert hatte, dass der Titan Prometheus das Feuer vom Olymp auf die Erde gebracht hatte, ließ er Hephaistos aus Lehm eine Frau schaffen. Die überaus attraktiv gelungene Pandora sollte ein Behältnis zu den Menschen bringen mit der hinterhältigen Warnung, den Deckel auf keinen Fall zu öffnen. Natürlich ließ die Neugier den Menschen keine Ruhe, und sie öffneten das Gefäß. Darauf entwichen alle möglichen Plagen und verteilten sich auf der Erde – das Goldene Zeitalter, das Paradies auf Erden ohne Krankheiten oder Tod, war vorbei. In dem Gefäß war auch die Hoffnung enthalten, die Pandora zunächst nicht freilassen wollte. Erst als die Erde ein trostloser Ort wurde, ließ sie sich erweichen, um die Menschen nicht vollends verzweifeln zu lassen. Heute gilt als „Büchse der Pandora" vor allem die moderne Forschung, deren Erzeugnisse neben vielem Segensreichen auch nicht wieder gutzumachendes Unheil über die Menschen bringen können.

„Ein Bild für die Götter"

ein lächerlicher oder erbaulicher Anblick

Das „Bild für die Götter", das hier gemeint ist, war der Grund für ein „homerisches Gelächter". Die Situation ist folgende: Der hinkende Gott Hephaistos hegt den Verdacht, dass ihn seine Frau Aphrodite mit dem attraktiven Kriegsgott Ares betrügt. Er fertigt ein unsichtbares und unzerreißbares Fangnetz an, das tatsächlich die beiden in an Eindeutigkeit nicht zu überbietender Pose festhält. Hephaistos holt daraufhin die anderen Götter herbei, um ihnen entrüstet die Ertappten vorzuführen. Was die Götter dort sehen, scheint so Heiterkeit erregend zu sein, dass sie in Gelächter ausbrechen. Warum die Redewendung, die sich doch immerhin auf einen göttlichen Geschlechtsverkehr bezieht, heutzutage etwas Komisches, Groteskes bezeichnet, ist unklar. Früher, zum Beispiel in Goethes weniger bekanntem Singspiel „Erwin und Elmire", meinte sie noch etwas Bemerkenswertes, Erbauliches, denn da heißt es: „Ein Schauspiel für Götter, zwei Liebende zu sehn!"

„Homerisches Gelächter"

schallendes Lachen

Der griechische Dichter Homer wird als Vater der Weltliteratur verehrt, denn seine beiden Epen „Ilias" und „Odyssee" gelten als die frühesten komplexen Dichtungen des Abendlandes. Wir wissen wenig über ihn, eigentlich noch nicht einmal, ob er nicht selbst eine mythische Figur ist. Aber die ihm zugeschriebenen Werke sind großes Theater, und die handelnden Personen, ob Sterbliche oder Götter, verkörpern schon damals alle menschlichen Stärken und Schwächen. Die Schwäche des Fremdgehens ist auch den Göttern nicht fremd, und so ertappt der Gott Hephaistos seine Frau Aphrodite mit dem Kriegsgott in flagranti. Nachdem er die beiden mitten im Seitensprung fixiert hat, führt Hephaistos den anderen Göttern den lebenden Beweis für die Untreue seiner Frau vor. Die Kollegen scheinen bester Laune gewesen zu sein, denn sie brechen angesichts der grotesken Situation in schallendes Gelächter aus. Lachten sie über die beiden peinlich Berührten unter dem Netz oder über die Peinlichkeit für den Fallensteller? Jedenfalls heißt ein solches Gelächter seitdem „homerisch", weil es von Homer in der „Ilias" geschildert wurde.

„Dionysische Gelage“

wilde Feste

Es ist doch eigenartig, dass eine Droge jahrtausendelang eine so große Rolle gespielt hat. Gemeint ist der Alkohol, der in Form von Wein im griechischen und mehr noch im römischen Altertum nicht nur Auslöser für gute Laune und Entspannung war, sondern auch Exzesse der Hemmungslosigkeit ausgelöst hat. Die Antike hat ihm sogar eine eigene Gottheit zugeordnet: Dionysos, der auch Gott der Freude, der Fruchtbarkeit und der Ekstase war. Als Weingott war Dionysos meist von berauschten Wesen wie den Satyrn umgeben, aber auch von Mänaden genannten Frauen, die, ebenfalls unter dem Einfluss von zu viel Wein, Orgien feierten, bei denen nicht nur gesungen und getanzt wurde, sondern wo auch die Zwischenmenschlichkeit nicht zu kurz kam. Seitdem werden aus dem Ruder laufende Gelage „dionysisch“ genannt, jedenfalls wenn es nicht nur Männer sind, die sich dem Trunke hingeben. Zur Ehrenrettung des Dionysos sei erwähnt, dass wir ihm das Theater verdanken, das ihm zu Ehren in Athen zum ersten Mal aufgeführt wurde.

„Ein Bacchus-Sohn sein“

gerne Wein trinken

Weinköniginnen gibt es viele, es werden sogar Bierköniginnen und Milchköniginnen gekrönt – meist Botschafterinnen ihrer Tourismusämter. In einigen rheinischen Gemeinden gibt es aber auch einen „Bacchus“, einen jungen Mann, der die jährlichen Winzerfestumzüge anführt. Bacchus ist die lateinische Form eines Beinamens des griechischen Weingottes Dionysos, der konsequenterweise auch Gott des Rausches war. Wegen seines meist unüberhörbar lärmenden Gefolges wurde er „Bakchos“, Rufer, genannt. Bei seinem Kult kam es regelmäßig zu ekstatischen, „bacchantischen“, Auswüchsen, die oft in Orgien der moralischen Zügellosigkeit ausarteten. Davon kann im Rheinland natürlich nicht gesprochen werden. Hier geht es um die jahrtausendealte Tradition des Weinbaus und der Trinkkultur. Bacchus wurde nämlich in der Nachantike zum – harmlosen – Weinpatron, vergleichbar dem für das Bier zuständigen legendären König Gambrinus. Ein Bacchus-Sohn ist dementsprechend ein Mensch, der dem Weingott huldigt, indem er dem Rebensaft zuspricht – meist an der von der Weinsäure geröteten Nase erkennbar.

„In Hypnose versetzt werden“

veranlasst werden, in Trance zu fallen

Im Varieté sieht man gelegentlich Künstler, die Zuschauer auf die Bühne holen und hypnotisieren. Ob es tatsächlich gelingt, und das auch noch in wenigen Sekunden, einen Menschen übergangslos in diesen schlafähnlichen Zustand zu bringen, soll hier nicht geklärt werden. Sei's drum: Die Hypnose als Trance-ähnlicher Zustand hat ihren Namen nicht ganz zu Recht, denn der Namensgeber war der griechische Gott des Schlafes. Dieser Hypnos, der Bruder des Todesgottes Thanatos, war für den echten Schlaf zuständig, der sich bekanntlich bei entsprechender Müdigkeit von selbst einstellt, während man in die nach ihm benannte Hypnose eigens versetzt werden muss. Merkwürdigerweise ist nicht Hypnos, sondern sein Sohn Morpheus, der Gott der Träume, in einer Redewendung verewigt: Wenn man einschläft, begibt man sich in Morpheus' – und nicht in Hypnos' – Arme. Das römische Pendant zu Hypnos hieß übrigens Somnus und ist in unserem medizinischen Begriff „Somnambulismus“ erhalten geblieben, dem Schlafwandeln.

„In Morpheus' Arme sinken“

einschlafen

Morpheus ist ein weniger prominentes Mitglied des griechischen Götterhimmels. Er gehörte nicht zu den so genannten Olympiern, also den zwölf wichtigsten Göttern um Zeus und Hera. Trotzdem spielte er eine wichtige Rolle im Leben jedes Menschen – und sogar, wie wir zum Beispiel von Homer wissen, im Leben der anderen Götter. Morpheus war nämlich, als Sohn des Hypnos, des Gottes des Schlafes, zuständig für die Träume. Wenn wir also „in Morpheus' Arme sinken“, begeben wir uns schlafend ins Traumland. Dort erschien der Gott früher selbst, je nach Traum in unterschiedlicher Gestalt. Auch in der Antike war schon bekannt, welche Wirkung der Saft des Schlafmohns hat. Deshalb wurde dessen Samenkapsel das Symbol des Morpheus. Sein Name diente 1804 zur Benennung des erstmals isolierten Opiats Morphin, das sein Entdecker zunächst Morphium nannte, nach dem Gott der Träume.

„Hygiene walten lassen“

auf Sauberkeit achten

Der Arzt Ignaz Semmelweis erkannte um die Mitte des 19. Jahrhunderts, dass das weit verbreitete so genannte Kindbettfieber, eine schwere Infektionskrankheit frisch entbundener Mütter, auf mangelnde Sauberkeit bei der Entbindung, aber auch in den Wöchnerinnenzimmern zurückzuführen war. Er regte deshalb an, in diesem Bereich bis dahin unbekannte Hygienevorschriften einzuführen, was tatsächlich den gewünschten Erfolg brachte. Maßnahmen, die die Gesundheit fördern, bezeichnen wir heute noch als „hygienisch“. Der Begriff stammt aus dem Griechischen und ist von Hygiéia, der griechischen Göttin der Gesundheit, abgeleitet. Sie war in der Mythologie die Tochter des Asklepios, des Gottes der Heilkunst, und galt als Schutzpatronin der Apotheker. Es ist kein Zufall, dass ihr Attribut, mit dem sie in der bildenden Kunst dargestellt wurde, ein Füllhorn voller Früchte ist, gehört doch Obst zu den gesündesten Lebensmitteln überhaupt.

„Den Äskulapstab tragen“

Symbol der Heilkunst

Es ist irritierend, dass ausgerechnet der Arzt und der Apotheker, also Heilberufe, eine Giftschlange im Wappen führen, die sich an einem Stab empor windet. Dieses Symbol geht zurück auf den griechischen Heilgott Asklepios, Sohn des Apollon und der thessalischen Fürstentochter Koronis. Er wurde, nachdem Koronis ihren Geliebten Apollon zugunsten eines Sterblichen hintergangen hatte und deshalb von Apollons Schwester Artemis erschossen worden war, aus dem Leib der toten Mutter geschnitten und von dem heilkundigen Kentauren Cheiron erzogen. Asklepios wurde ein so genialer Arzt, dass er sogar Tote zum Leben erwecken konnte. Dies brachte den Gott der Unterwelt in Rage. Er brachte Zeus dazu, Asklepios mit einem Blitz zu erschlagen. Als er noch lebte, soll Asklepios stets eine Natter mit sich geführt haben, die sich um seinen Wanderstab ringelte; sie avancierte deshalb zum Symbol der Heilkunde, auch weil aus dem Fleisch von Giftschlangen Medizin hergestellt werden konnte. Als im Jahre 291 v. Chr. in Rom eine Seuche ausbrach, wurde der Asklepios-Kult nach Rom überführt; bei dieser Gelegenheit wurde der Namen zu Aeskulapius latinisiert.

Einen „Phaëton" fahren

einen Volkswagen der Oberklasse besitzen

Als der VW-Konzern sich von seinem Image als Massenhersteller lösen wollte und im Jahr 2002 ein Oberklassemodell vorstellte, nannte man es „Phaëton", in Anlehnung an die großen Tourenwagen der 20er- und 30er-Jahre. Kenntnis der griechischen Mythologie hätte die Marketing-Abteilung vielleicht von dieser Bezeichnung abgehalten, denn der Gott gleichen Namens ist für seinen Leichtsinn und seine verhängnisvolle Selbstüberschätzung bekannt geworden. Der Sonnengott Helios hatte sich unbedachterweise verpflichtet, seinem Sohn Phaëton jeden Wunsch zu erfüllen. Dieser nutzte die Gunst der Stunde und verlangte, einen Tag den Sonnenwagen lenken zu dürfen. Der Sonnengott, angesichts dieser für Ungeübte nicht zu bewältigenden Aufgabe, bereute seine Zusage, musste sich aber an sein Versprechen halten. Wie nicht anders zu erwarten, konnte der Junge die vier im wahrsten Sinne feurigen Rösser nicht bändigen, die Quadriga geriet außer Kontrolle und löste eine globale Katastrophe aus. Den Irrläufer konnte erst Zeus mit einem Blitz stoppen. Ein Auto nach diesem Geisterfahrer zu benennen, entbehrt nicht eines gewissen Sarkasmus.

„Einen Schwanengesang anstimmen"

das Alterswerk veröffentlichen

Der Schwan, ein wegen seiner schneeweißen Farbe und seiner graziösen Schwimmhaltung beliebter Großvogel, ist nicht gerade als Sänger bekannt. Zwar haben Schwäne ein umfangreiches Stimmrepertoire, ihr Ruf ist aber nicht besonders wohltönend, sondern klingt eher wie „kiorr" oder „tru-tru". Etwas eigenartig, da vom Schwanen-„Gesang" eines greisen Künstlers zu sprechen, wenn er sein Alterswerk vorstellt – zum Beispiel nannte der Verleger von Franz Schubert dessen posthum zusammengestellten letzten Liederzyklus Schwanen-„Gesang". In der Antike gab es den Mythos, dass ein Schwan vor seinem Tode noch einmal mit trauriger, aber wunderschöner Stimme ein allerletztes Lied singe. Dies geht zurück auf die Sage von Kyknos, dem Freund des Phaëton, der den Tod des Abgestürzten beweinte. Die Götter verwandelten ihn aus Mitleid in einen leuchtenden Schwan, der dann vor seinem Tod an gebrochenem Herzen ein unsagbar trauriges, aber ergreifend schönes Lied gesungen haben soll.

„Von der Muse geküsst werden"

künstlerisch inspiriert werden

Ein Pferdekuss ist eine schmerzhafte Erfahrung. Sehr viel angenehmer ist da ein Musenkuss, allerdings auch sehr viel seltener. Die neun Musen waren allesamt Töchter des Zeus und Schutzgöttinnen der Künste. Von welcher ein Mensch einen Kuss bekam, hing entscheidend von der Art seiner Kreativität ab. Klio küsste nämlich den Historiker, Melpomene den Tragödiendichter, Terpsichore den Chorlyriker und Tänzer. Von Thalia erhoffte der Komödiendichter Inspiration, von Euterpe der Lyriker und Flötenspieler und von Erato der Verfasser von Liebesgedichten. Urania war die Muse der Astronomie, Polyhymnia die des Gesangs und Kalliope die der epischen Dichtung, der Rhetorik, der Philosophie und der Wissenschaft. Weil die Vertreter der Kleinkunst, vor allem die Kabarettisten, sich von keiner dieser in Zuständigkeitsbereichen organisierten alten Musen vertreten fühlten, erfanden sie die Zehnte Muse, allerdings ohne ihr einen Namen zu geben.

„Ins Museum gehen"

kulturelle oder technische Sammlungen besuchen

Welcher Besucher eines „Museums" denkt dabei an die Musen, die Göttinnen der Künste, Kultur und Wissenschaften? Deren Heiligtümer hießen damals tatsächlich „Museion", und insofern ist ein Museum eigentlich ein heiliger Ort. Lange Zeit sahen Museen deshalb aus wie griechische Tempel, und in diesen heiligen Hallen wurde früher geflüstert wie in einer Kirche. Die Vorläufer der heutigen Museen waren die Wunderkammern der Fürsten; wer einmal im Grünen Gewölbe in Dresden oder im Raritätenkabinett des hohenloheschen Schlosses Neuenstein war, hat dort Wunderwerke der Malerei, der Goldschmiedekunst und der Elfenbeinschnitzerei bewundern können, an denen sich die Landesherren bereits vor Jahrhunderten ergötzt haben. Später wurde die Bezeichnung Museum auch auf Ausstellungsräume ausgedehnt, die nicht nur Kunst, sondern auch geschichtliche, technische oder kulturhistorische Sammlungen aufbewahren und zeigen. Übrigens dürfte auch kaum jemand, der „Musik" macht, noch an die Musen denken – Hauptsache, er ist von einer geküsst ...

„Eine erotische Ausstrahlung haben“

mit Sinnlichkeit beeindrucken

Was kommt dabei heraus, wenn die Göttin der geschlechtlichen Liebe, Aphrodite, sich mit dem Gott des Krieges einlässt? Ihr Sprössling war Eros, der Gott der „begehrlichen Liebe“, nach dem die Erotik ihren Namen hat. Dieser Begriff hat in der Umgangssprache eine andere Bedeutung als in der Psychologie oder Soziologie. Meist wird Erotik mit Sex gleichgesetzt, was es aber nicht trifft, denn, und damit hat sie ihren Namen zu Recht, Erotik ist mehr als platte sexuelle Befriedigung. Der Gott Eros, bei den Römern Amor oder auch Cupido genannt, steht für die sinnliche Zuneigung, die reizvolle Anziehung zwischen sich Begehrenden. Er hat im religiösen Kult kaum eine Rolle gespielt, war aber, wohl wegen seines alle Menschen interessierenden Themas, eine der beliebtesten Gottheiten. Ursprünglich stellte man ihn sich als Jüngling vor; erst später wurde er als puttenähnliches Kleinkind dargestellt, das mit Pfeil und Bogen Jagd auf Möchtegern-Verliebte macht. Und weil die erotische Anziehung oft etwas Flüchtiges, Vergängliches hat, war Eros geflügelt. Diese Flatterhaftigkeit dürfte auch dazu geführt haben, dass er nie in den Kreis der Olympischen aufgenommen wurde.

„Die Äolsharfe spielen“

eine dichterische Ader haben

Aiolos, lateinisch Äolus, war der Gott der Winde. Er spielte in der Mythologie keine wichtige Rolle, sondern war eine der Gottheiten, die Naturerscheinungen wie Sturm, Regen oder Sonnenschein auslösen konnten – und dafür verantwortlich gemacht wurden. Sein Job war es, Winde wie Boreas, Euros, Zephyros und Notos wehen zu lassen. Als schon in der Antike die Entdeckung gemacht wurde, dass der Wind Saiten zum Vibrieren und damit zum Klingen bringen kann, war ein seltsames Musikinstrument geboren, das zum Spielen ganz ohne menschliches Zutun auskommt. Kein Wunder, dass man dieses Instrument, das entfernt an eine Harfe erinnert, nach dem Windgott benannt hat. Wegen des sphärischen Klanges wird die Äolsharfe als Sinnbild der Poesie angesehen. Bekannte Komponisten wie Bach und Beethoven, aber auch Dichter wie Mörike, Eichendorff und der unvermeidliche Goethe haben der Windharfe in ihren Werken ein Denkmal gesetzt.

„In Panik geraten“

plötzlich intensiv Furcht empfinden

Welche Mutter würde nicht erschrecken, wenn ihr Neugeborenes Ziegenfüße, Hörner und einen Bart hätte? So erging es der Nymphe Dryops. Sie setzte die Missgeburt aus, aber Vater Hermes sorgte dafür, dass der Kleine später der Gott des Waldes, der Natur und der Hirten wurde. Diese hatten aber auch unter ihm zu leiden, denn es konnte geschehen, dass er, der eigentlich Musik, Tanz und Frohsinn nicht abgeneigt war, sich in seiner Mittagsruhe gestört fühlte und dann die Herde erschreckte, so dass sie in „panischem Schrecken“ flüchtete. „In Panik geraten“ und „panische Angst haben“ sind Redewendungen, die auf diesen griechischen Gott zurückgehen. Das Wort „Panik“ für eine plötzlich und oft grundlos auftretende Furcht kam erst im 19. Jahrhundert über das Französische ins Deutsche. Im Mittelalter wurde Pan mit seinen Hörnern und dem Ziegenbart übrigens zum Vorbild für das christliche Bild vom Teufel, wozu sicher auch sein Bocks-Image als Lüstling beigetragen hat, das die körper- und sexualfeindliche Kirche dem Satan zuschrieb.

„Die Panflöte spielen“

auf einem Hirteninstrument musizieren

Einige Musikinstrumente haben eine uralte Geschichte, vor allem Flöten. Jeder Hohlraum, in dem eine Luftsäule zum Schwingen gebracht werden kann, kann Töne hervorbringen. So sind auch hohle Pflanzenteile schon früh als Rohmaterial für Blasinstrumente verwendet worden. Die Erfindung der Panflöte, deren Polyphonie ja nicht auf Grifflöchern beruht, sondern auf mehreren nebeneinander angeordneten, unterschiedlich langen Rohrstücken, wird der griechischen Naturgottheit Pan zugeschrieben. Die Sage erzählt, dass Pan wieder einmal liebestoll eine Nymphe verfolgt habe, die, keinen Ausweg mehr sehend, sich in ihrer Not in ein Schilfrohr verwandelte. Der enttäuschte Pan hörte klagende Töne, als der Wind über das Rohr blies. Der Hirtengott brach das Rohr in sieben unterschiedlich lange Teile, aus denen er die Tonleiter hervorbrachte, indem er sie nebeneinander hielt und hinein blies.

„Das ist eine Binsenweisheit"

Das ist allgemein bekannt.

Manchmal gehen Redewendungen auf relativ unbekannte Quellen zurück. Diese bezieht sich auf eine Sage um den König Midas, der legendär wurde wegen seines Wunsches, alles, was er berühre, solle zu Gold werden, so dass er beinahe verhungert wäre, wenn ihn nicht ein mitleidiger Gott von diesem Fluch befreit hätte. Eben dieser Midas mischte sich in einen Wettstreit zwischen den Göttern Apollon und Pan ein, wer sein Instrument, Leier oder Flöte, besser spiele. Daraufhin ließ der unterlegene Apollon dem Juror Midas Eselsohren wachsen – Schiedsrichter waren schon damals beim Verlierer unbeliebt. Die Ohren verbarg Midas unter einem Turban, nur sein Friseur wusste natürlich davon, unter dem Siegel der Verschwiegenheit. Wie die meisten Menschen konnte auch er ein Geheimnis nicht für sich behalten; als er es nicht mehr aushielt, grub er ein Loch und flüsterte die pikante Wahrheit dort hinein. Später wuchsen an dieser Stelle Binsen, die sich mit dem Wind das Geheimnis zuraunten – es war zur „Binsenweisheit" geworden, also zur zwar als interessant vorgetragenen, aber schon allgemein bekannten Information ohne weiteren Wert.

Apollon

„Ein weißer Rabe"

ein Individualist; eine große Seltenheit

Nach der griechischen Mythologie haben die Raben ihre typische Farbe nicht schon immer gehabt, sondern waren ursprünglich weiß. Erst ein Zwischenfall, bei dem der Gott Apollon von seiner menschlichen Geliebten Koronis mit einem Sterblichen betrogen wurde, während sie mit Apollons Kind, dem späteren Heilgott Asklepios, schwanger war, soll dazu beigetragen haben, dass wir zu der sprichwörtlichen Rabenfarbe gekommen sind. Apollon hatte nämlich seiner Koronis nicht über den Weg getraut und – Vertrauen ist gut, Kontrolle ist besser – einen Raben abkommandiert, der sie bewachen sollte. Dieser verpetzte zwar die Untreue prompt, aber Apollon regte sich so darüber auf, dass der Rabe seiner Entlaufenen nicht die Augen ausgehackt hatte, dass er ihn zur Strafe schwarz werden ließ. Wie die Geschichte ausging? Apollons Schwester Artemis erschoss Koronis zur Strafe mit dem Bogen, und Hermes operierte das ungeborene Kind aus dem Leib der toten Mutter und rettete so Asklepios.

„Eine Nymphe sein“

von schlanker, mädchenhafter Gestalt

In den 70er-Jahren erregten romantische Fotos des britischen Fotografen David Hamilton Aufsehen, der dem Mädchenalter kaum entwachsene, schlanke weibliche Wesen ablichtete, die in den Rezensionen zutreffend mit dem Wort „Nymphe“, einem Begriff aus der griechischen Mythologie, beschrieben wurden. Eine Nymphe war ein Naturgeist, eine weibliche Gottheit niederen Ranges, die meist als Personifikation einer Naturform, beispielsweise einer Quelle, vorkam. Im Gegensatz zu echten Göttern waren Nymphen sterblich – wenn die Quelle versiegte, starb auch ihre Nymphe. Die traditionelle Darstellung der Nymphen als sehr sparsam bekleidete Mädchengestalten spielt bis heute eine Rolle. Dass dabei die Grenze zum Frivolen bisweilen überschritten wurde, ist ihrem Hang zur sexuellen Freizügigkeit geschuldet, was sowohl Vladimir Nabokov in seinem Roman „Lolita“ die Protagonistin als „Nymphchen“ bezeichnen ließ als auch den inzwischen nicht mehr so gebräuchlichen Ausdruck Nymphomanie für eine übermäßige weibliche Libido hervorgebracht hat.

„Ein Echo hören“

wiederholten Nachhall wahrnehmen

Ein Echo entsteht, wenn Reflexionen einer Schallwelle so stark verzögert sind, dass man diesen Schall als separates Hörereignis wahrnehmen kann. Das ist die physikalische Erklärung für ein jedermann bekanntes akustisches Phänomen, das dazu geführt hat, dass jeder den Bürgermeister einer niederrheinischen Stadt zu kennen glaubt („Wie heißt der Bürgermeister von Wesel? Esel!“). Aber warum heißt diese Schallreflexion „Echo“? Eine Bergnymphe dieses Namens lenkte die Göttin Hera durch Plaudereien ab, damit deren Gatte Zeus seinen allzu männlichen Neigungen nachgehen konnte. Hera bestrafte Echo damit, dass sie ihr die Sprache raubte; sie durfte nur noch die letzten Silben wiederholen, die ein anderer gesagt hatte. Als die unglückliche Echo sich in den schönen Narkissos verliebte, konnte sie sich ihm nicht verständlich machen. Ihre Liebe blieb unerwidert, und so verkümmerte die Unglückliche, bis von ihr nur noch in Felsen verwandelte Knochen übrig waren – und ihre Stimme.

„Mit Argusaugen beobachten"

misstrauisch bewachen

Bekanntlich war der Göttervater Zeus nicht gerade ein Göttergatte. Eine seiner Geliebten war eine Dame namens Io, die aber von Gattin Hera in eine Kuh verwandelt wurde. Das allein wäre für Zeus, der ja bekanntlich Europa, eine seiner anderen Liebschaften, in Gestalt eines Stieres entführte, kein Hinderungsgrund gewesen. Deshalb beauftragte Hera einen mit hundert Augen körperlich ungewöhnlich ausgestatteten Riesen namens Argos (lateinisch Argus) damit, die Kuh Io zu bewachen. Argos war der ideale Schichtarbeiter, weil er bei Müdigkeit immer nur eine Hälfte seiner vielen Augen schließen musste. So konnte er Io im wahrsten Sinne des Wortes immer im Auge behalten. Zeus scheint aber ein besonderes Auge auf Io geworfen zu haben, was dazu führte, dass er den Riesen mit allen seinen Augen durch Hermes erst einschläfern und dann töten ließ. Hera konnte nichts für Argos tun, außer dass sie seine hundert Augen in das Rad des Pfaus versetzte. Wenn man heute jemanden mit Argusaugen beobachtet, dann glaubt man, Anlass zum Misstrauen zu haben.

Der Erdteil „Europa"

das Abendland

Zunächst muss hier ein Missverständnis ausgeräumt werden. Zeus näherte sich seinen zahlreichen - oder besser zahllosen - Liebschaften wegen seiner eifersüchtigen Gattin Hera zwar oft in Gestalt von Tieren wie Stier, Schwan, Adler, Kuckuck (!) oder Schlange, von sodomitischen Praktiken kann aber wohl keine Rede sein, er verwandelte sich meist rechtzeitig in menschliche Gestalt. Dies war auch bei der legendären Entführung der phönizischen Königstochter Europa so, die von ihm in Gestalt eines schönen weißen Stieres übers Meer nach Kreta entführt wurde. Diese Szene der nackt auf dem Stierrücken sitzenden Europa wird noch heute, mehr oder weniger abstrahiert, als Symbol für unseren Erdteil verwendet. Dem griechischen Historiker und Geographen Herodot verdanken wir es, dass die Landmasse nördlich des Mittelmeeres im 5. Jahrhundert v. Chr. nach der von Zeus Entführten benannt wurde. Das eurozentrische Weltbild hatte bis dahin zwar die fremden Erdteile Afrika und Asia gekannt, den eigenen Kontinent aber nicht als solchen identifiziert.

„Die Milchstraße beobachten"

unser Sternensystem erforschen

In der Astronomie benutzen wir, ohne über die merkwürdige Formulierung nachzudenken, für unser heimisches Sternensystem das Wort „Milchstraße" oder „Galaxis", was auch nichts anderes bedeutet. Wie also kommt die Milch an den Himmel? Bereits in anderen Zusammenhängen ist uns die hohe Seitensprungfrequenz von Göttervater Zeus begegnet; Herakles war eines der Erzeugnisse. Weil seine Mutter Alkmene den Zorn der betrogenen Zeusgattin Hera kannte, fürchtete sie sich, ihren Sohn zu stillen; Athene brachte den Zeussprössling daraufhin Hera als Findelkind. Etwas eigenartig, dass dann Hera, mitleidig, wie selbst Göttinnen angesichts eines Säuglings offenbar sind, den fremden Knaben an die göttliche Brust legte und stillte. Der kleine Halbgott aber hatte schon nicht nur göttliche Kraft, sondern auch ebensolchen Durst und sog so heftig, dass Hera vor Schmerz den Kleinen wegstieß, wobei ihre Muttermilch über den Himmel spritzte. Die wohl von einer Göttin zu erwartende Menge Milch bildete dort die gleichnamige Straße. Herakles aber verhalf der Mundvoll Göttinnenmilch, seine übernatürliche Stärke noch zu steigern.

„Mit einer Hydra kämpfen"

mit der Lösung eines Problems neuen Schwierigkeiten gegenüberstehen

Manchmal sieht man sich einer Frage gegenüber, aus der, kaum beantwortet, zwei neue entstehen. In eine mit unseren heutigen schwierigen Problemen natürlich nicht vergleichbare Lage geriet der antike Held Herakles, als er die Schlange Hydra erlegen sollte, eine seiner von dem König Eurytheus aufgetragenen zwölf Aufgaben. Mit dieser Schlange hatte es die Bewandtnis, dass sie nicht nur von überdimensionaler Größe war, sondern auch mehrere Köpfe hatte – ein unter antiken Fabelwesen weit verbreitetes Phänomen. Von den Köpfen anderer netter Tierchen unterschieden sich jedoch die neun Häupter der Hydra, weil jedes doppelt nachwuchs, wenn es abgeschlagen wurde. Herakles hatte seine liebe Not mit diesem Nachwuchs, bis er auf die Idee kam, den jeweiligen Halsstumpf auszubrennen, so dass nichts sprießen und das Ungeheuer nicht immer gefährlicher werden konnte. Der neunte Kopf war sogar unsterblich; erst als der Held auch diesen abgeschlagen hatte, war die Hydra am Ende.

„Der atlantische Ozean“

das Meer westlich von Europa

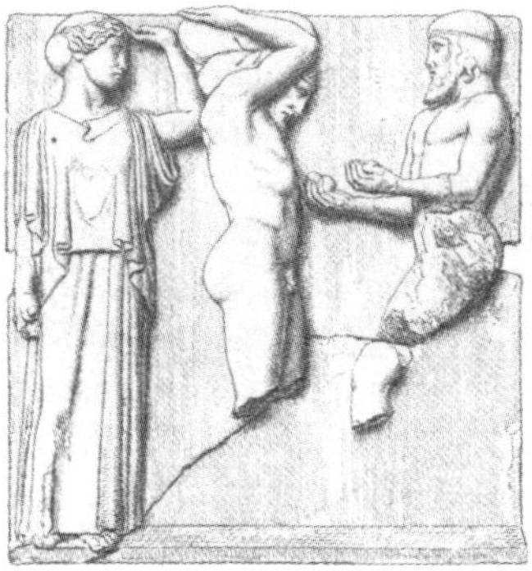

Der Halswirbel Atlas und die „Atlanten“, tragende Elemente in der Architektur, haben ihren Namen nach dem Titanen Atlas. Der wurde nach der Niederlage der Titanen gegen Zeus verurteilt, den Gott Uranos, das personifizierte Himmelsgewölbe, in die Höhe zu stemmen, und zwar am westlichsten Punkt der Erdscheibe am Ufer des nach ihm benannten Atlantik; die verbreitete Darstellung des eine Erdkugel tragenden Titanen ist also nicht korrekt. Besonders populär wurde Atlas, weil er eine für ihn unerfreuliche Begegnung mit Herakles hatte, als dieser im Rahmen seiner zwölf Aufgaben die goldenen Äpfel der Hesperiden holen sollte. Nachdem sich Atlas bereit erklärt hatte, die Äpfel zu ernten, während Herakles das Himmelsgewölbe trage, bedurfte es einer List, damit der Halbgott die Last wieder loswurde, denn Atlas fühlte sich ohne das Gewicht deutlich entlastet. Herakles akzeptierte zum Schein den Rollenwechsel, bat aber darum, sich ein Schulterpolster anlegen zu dürfen. Atlas fiel auf diesen Trick herein und übernahm wieder, woraufhin Herakles sich erleichtert entfernte.

„Atlantis“ – untergegangene Insel

Sagenumwobener verschwundener Erdteil

Auch wenn sie sich sehr ähnlich anhören, haben Atlantik, Atlantis und der Atlas überraschenderweise nichts miteinander zu tun. Der Name für die noch heute sagenumwobene Insel steht nämlich mit dem Titanen Atlas nur sehr indirekt in Verbindung. Das Eiland ist zwar ebenfalls nach einem Mann namens Atlas benannt, dem ersten König von Atlantis. Dieser aber, ein Sohn des Poseidon, wurde von seinem Vater nach dem die Insel umgebenden Meer, dem Meer des Titanen Atlas, benannt. Die Insel bewohnte ein hochmütiger Menschenschlag, woraufhin die Götter sie im Meer versinken ließen, was Generationen lustvoll über den geographischen Ort der Ex-Insel spekulieren ließ. Unser Begriff „Atlas“ für eine Sammlung von Landkarten hat erstaunlicherweise nichts mit der Mythologie zu tun. Er wurde durch Gerhard Mercator im 16. Jahrhundert eingeführt, der sein kartografisches Werk „Atlas sive Cosmographicae Meditationes de Fabrica Mundi et Fabricati Figura“ nannte, und zwar nach einem weisen König von Mauretanien.

Herakles

„Einen Augiasstall ausmisten"

gründlich aufräumen

Herakles war einer der stärksten Männer der Sagenwelt – kein Wunder bei einem Vater Zeus! Der Held schlug sich mit zahllosen Ungeheuern, Riesen und wilden Bestien herum. Bei einigen seiner Wundertaten aber hätte ihm auch seine übermenschliche Stärke nicht geholfen; zum Beispiel bei der Aufgabe, innerhalb eines Tages den Rinderstall des Königs Augias auszumisten. Das war eigentlich unter der Würde eines Halbgottes, zumal die Ställe – genauer gesagt handelte es sich bei einem Bestand von 3000 Tieren nach heutigen Maßstäben um eine Massentierhaltung – seit 30 Jahren nicht mehr gereinigt worden waren. Da war es gut, dass Herakles nicht ein tumber Kraftprotz war, sondern auch innovative Ideen hatte. Er leitete kurzerhand zwei Flüsse durch den Stall um, so dass deren Fluten die Arbeit erledigten – Wasserspülung sozusagen. Die Redewendung hat sich bis heute erhalten als Umschreibung dafür, politisch korrupte oder sonstwie ungeordnete Verhältnisse rigoros zu beseitigen beziehungsweise gründlich aufzuräumen.

„Halbgötter in Weiß – und Schwarz"

arrogante Ärzte – und Richter

Diese Redewendung nimmt Bezug auf eine Spezies von antiken Wesen, die von einem Gott oder einer Göttin abstammten, die sich mit einem Sterblichen – oder einer Sterblichen, wie es häufiger vorkam – eingelassen hatten. Herakles ist das berühmteste Beispiel, daneben gab es noch eine Reihe weiterer Halbgötter, denn die Götter standen einer Fraternisierung mit den Menschen nicht allzu ablehnend gegenüber. Halbgötter hatten selbstverständlich viele göttliche Eigenschaften, die sie weit aus der Masse der Normalsterblichen hervorhoben; eine allerdings nicht: sie waren auch normal sterblich. Heute – die Redewendung ist noch nicht sehr alt – gibt es im Sprachgebrauch zwei Sorten von Halbgöttern (oder besser solchen, die sich dafür halten): die in Weiß und die in Schwarz. Sowohl Ärzten als auch Richtern wurde früher quasi-göttliche Macht nachgesagt, denn sie entschieden oft über Leben und Tod. Leider steigt einigen auch heute noch gelegentlich ihre Bedeutung zu Kopf, so dass sie meinen, allem Irdischen entrückt zu sein. Der Makel der antiken Kollegen aber haftet auch ihnen an: Sie sind nicht unsterblich.

„Eine Achillesferse haben"

die schwache Stelle eines ansonst tüchtigen Menschen

Der griechische Superheld Achilleus ist heute unter der lateinischen Namensform Achilles bekannt. Er war der Sohn einer Meernymphe und eines thessalischen Königs, der natürlich als Mensch sterblich war. Um nun das vom Vater geerbte Risiko der Sterblichkeit zu minimieren, versuchte seine Mutter, ihn wenigstens unverwundbar zu machen. Zu diesem Zweck tauchte sie den Neugeborenen in den Unterweltfluss Styx. Die rechte Ferse, wo ihn seine Mutter festhalten musste, wurde nicht vom Wasser benetzt und blieb verletzlich, was ihm zum Verhängnis wurde. Achilleus, der glanzvollste Held vor Troja und aufgrund seiner Fast-Unverwundbarkeit stets im heftigsten Kampfgetümmel zu finden, wurde kurz vor Ende des Trojanischen Krieges ausgerechnet von Paris, dem Urheber des Ganzen, mit einem Pfeil an der Ferse getroffen. Mal davon abgesehen, ob ein Pfeiltreffer an der Ferse einen gesunden Mann umbringen kann, wird heute noch eine im übertragenen Sinne verwundbare Stelle eines Menschen oder einer Strategie „Achillesferse" genannt.

„Eine Amazone sein"

als Frau männliche Tätigkeiten ausüben

Obwohl es weit mehr Mädchen gibt, die Reiten lernen, sind Frauen beim Leistungssport auf Pferden in der Minderheit und werden häufig als Amazonen bezeichnet, weil sie einen angeblich männlichen Sport treiben. Der Begriff geht zurück auf ein sagenhaftes männerloses Volk in Kleinasien. Schon antike Autoren rätselten, wie es zuging, dass diese Frauengesellschaft nicht ausstarb – Männer waren also auch bei ihnen zumindest in einem ganz bestimmten Moment unverzichtbar. Homer schildert die Amazonen als Kriegerinnen, die auch Männern Paroli bieten konnten. Das von späteren Schriftstellern kolportierte Klischee, die Amazonen hätten ihre rechte Brust amputiert, um nicht beim Bogenschießen behindert zu werden, dürfte allerdings auf männliche Fantasie zurückzuführen sein. Nicht den Amazonen, sondern dem Amazonas hat ein bekannter Internet-Händler den Namen entliehen, weil er zu gern die Größe und Verzweigtheit des Stromes erreichen möchte. Der Name dieses Flusses wiederum geht wohl auf das indianische Wort für die in seinem Unterlauf zu beobachtenden Gezeitenwellen zurück.

„Wie Orpheus singen können"

eine unwiderstehliche Stimme haben

Eines der frühen Lieder des Chansonniers Reinhard Mey trägt den Titel „Ich wollte wie Orpheus singen" und nimmt Bezug auf den berühmtesten mythischen Sänger, einen Sohn des Gottes Apollon und der Muse Kalliope. Er soll mit seinem Gesang Menschen, Tiere und sogar Steine zu Tränen gerührt haben. Legendär wurde er wegen eines gewagten Unternehmens, das mit dem Tod seiner geliebten Frau, der Nymphe Eurydike, zusammenhing. Der untröstliche Orpheus schaffte es, selbst Hades, den Herrn der Unterwelt, mit seinem Gesang zu rühren, der ihm die Erlaubnis gab, die Tote wieder mit hinauf ans Tageslicht zu nehmen. Die verhängnisvolle Bedingung war allerdings, dass sich Orpheus auf ihrem Weg zurück zur Erdoberfläche nicht nach seiner Frau umdrehen dürfe. Irritiert dadurch, dass er die Schritte des Schattens nicht hörte, sah er sich um – und Eurydike verschwand endgültig im Hades. Diese tragische Geschichte wurde natürlich für das Theater und die Oper bearbeitet; etwas merkwürdig, dass sie Jacques Offenbach auch als Vorlage für eine lustige Operette namens „Orpheus in der Unterwelt" diente, einer Persiflage auf das Kaiserreich Napoleons III.

„Einen Ödipuskomplex haben"

eine übersteigerte Vater– bzw. Mutterbindung empfinden

Kein Komplex ist so berühmt wie der Ödipuskomplex. Der berühmte Psychoanalytiker Siegmund Freud benannte das Problem, wenn – sehr vereinfacht ausgedrückt – Kinder sich auch als Erwachsene nicht davon lösen können, ihren jeweils andersgeschlechtlichen Elternteil mehr zu lieben als den anderen, nach der Hauptperson eines griechischen Mythos. Oidipos war der Sohn des Königs von Theben, dem von einem Orakel geweissagt worden war, dass ihn sein eigener Sohn einst töten und seine Mutter heiraten werde. Obwohl seine Eltern versuchten, dies zu verhindern, kam es tatsächlich nach einigen Jahren durch ein Missverständnis und in Unkenntnis der wahren Zusammenhänge zu diesem Mord und zur Eheschließung des Sohnes mit der Mutter. Die schicksalhafte Verstrickung des tragischen Helden hat geradezu katastrophale Ausmaße, weshalb auch die Tragödie „König Ödipus" von Sophokles zu den typischsten Beispielen dieses Genres zählt.

„Argonauten der Neuzeit"

kühne Seefahrer

Griechische Helden hatten offenbar das Schicksal, ständig unlösbar scheinende Aufgaben gestellt zu bekommen, meist von missgünstigen Zeitgenossen, die auf diese Weise versuchten, sie loszuwerden. Auch Jason, der Neffe eines thessalischen Königs, wurde von diesem beauftragt, ihm das Goldene Vlies eines schon damals sagenhaften Widders zu holen. Da sich dieses Fell in Kolchis, einer weit entfernten Landschaft zwischen Schwarzem Meer und Kaukasus, befand, ließ sich Jason das schnellste Schiff seiner Zeit bauen, einen Fünfzigruderer namens Argo. Nach diesem Schiff wurde die Mannschaft, zu der er die fünfzig tapfersten Helden der Vor-Troja-Generation einlud, „Argonauten" genannt. Zu ihnen gehörten Herakles, Kastor und Polydeukes, Laertes, der Vater des Odysseus, der Sänger Orpheus und Theseus. Bei einer solchen Besatzung ist es nicht verwunderlich, dass ihnen der Raub des Goldfells gelang, ganz abgesehen von den Abenteuern, die es auf der Reise zu bestehen galt. Gelegentlich werden noch heute mutige und entdeckungsfreudige Bezwinger der Meere Argonauten genannt.

„Der Orden vom Goldenen Vlies"

berühmter Ritterorden

Manchmal kann man auf Gemälden, die einen Fürsten mit einer goldenen Kette um den Hals zeigen, an deren Ende ein merkwürdiges Anhängsel erkennen: ein ebenfalls goldenes, in der Mitte zusammengebundenes Fellbündel. Dieses ungewöhnliche Schmuckstück ist in seiner Bedeutung kaum zu überschätzen, handelt es sich doch um eine Miniaturnachbildung des Goldenen Vlieses. Warum aber hängt sich ein Fürst ein Schafsfell um den Hals? Dieses Vlies war in der griechischen Mythologie das Fell eines wundertätigen goldenen Widders, das in Kolchis am Schwarzen Meer von einem Drachen bewacht wurde, was es aber nicht davor bewahrte, später von den Argonauten geraubt zu werden. Die Sage vom goldenen Fell hat ihren Ursprung wahrscheinlich darin, dass im goldreichen Kolchis, dem heutigen Georgien, Schafsfelle dazu benutzt wurden, Goldstaub aus den Flüssen zu filtern. 1430 gründete Philipp der Gute, Herzog von Burgund, einen vornehmen Ritterorden, den er nach dem mythischen Widderfell benannte, weil er einen Kreuzzug plante, den er nach dem Vorbild der tapferen Argonauten durchführen wollte.

„Ein Adonis sein"

ein Mann von perfekter Schönheit

Wenn ein außergewöhnlich attraktiver Mann halb bewundernd, halb aber auch ironisch Adonis genannt wird, geht dies auf einen aus der Beziehung zwischen Kinyras, dem König von Zypern, und seiner Tochter Myrrha hervorgegangenen Jüngling zurück. Myrrha hatte, unter einem Fluch stehend, ihren Vater verführt, der daraufhin sehr wütend geworden war; zum Schutz verwandelte Aphrodite sie in einen Myrrhenbaum. Dagegen geriet ihr Sohn Adonis wegen seiner berückenden Schönheit in Schwierigkeiten, weil sich die beiden Göttinnen Aphrodite und Persephone um ihn stritten. Zeus ordnete an, dass er jeweils ein Drittel seiner Zeit bei der einen und bei der anderen verbringen solle, während die beiden ihn das restliche Drittel in Ruhe lassen sollten. Adonis wurde dann von einem von dem eifersüchtigen Gott Ares, einem anderen Liebhaber der Liebesgöttin, geschickten Eber getötet und später zum Gott der Schönheit erhoben.

„Sich narzisstisch verhalten"

in die eigene Person verliebt sein

Der Ursprung dieses Begriffs liegt in der Sage von Narkissos, den die Römer, die ja viele Gestalten der griechischen Mythologie übernahmen, später in Narcissus latinisierten. Dieser offenbar sehr ansehnliche junge Mann wurde von seinen gleichaltrigen Zeitgenossen, und zwar beiderlei Geschlechts, heftig umworben, war aber so eingebildet, dass er alle Annäherungsversuche, darunter auch die der unglücklichen Nymphe Echo, zurückwies. Weil er von einem besonders herzlos brüskierten Verehrer verwünscht wurde, strafte ihn die Göttin Nemesis mit dem Fluch der unstillbaren Selbstliebe. Kein Wunder, dass er sich daraufhin sogar in sein eigenes Spiegelbild in einer Wasserfläche verliebte. Weil er die Hoffnungslosigkeit seiner Sehnsucht erkannte, erdolchte er sich. Aus seinen Blutstropfen soll eine Blume entsprossen sein, die nach ihm benannte Narzisse. Die psychische Fehlentwicklung der krankhaften Eigenliebe wurde ebenfalls nach dem armen Narkissos benannt; auch weniger pathologische Anwandlungen von zu selbstbewusstem Auftreten werden in der Alltagssprache gern als „narzisstisch" bezeichnet.

„Sich in einem Labyrinth verirren"

nicht wieder aus einer verzwickten Lage herausfinden

Nicht nur die oft in historischen Parkanlagen zu findenden Irrgärten, sondern auch verwirrende Situationen oder Gedanken werden als Labyrinth empfunden, als scheinbar ausweglos und deshalb beängstigend. Dieses Wort geht zurück auf ein Bauwerk des sagenhaften griechischen Erfinders, Bildhauers und Baumeisters Daidalos, eines Daniel Düsentrieb der Antike; ihm bzw. seiner Werkstatt werden die Erfindung solch epochaler Dinge wie Säge, Bohrer und Klebstoff nachgesagt. Im Auftrag des Königs Minos von Kreta erbaute er ein kompliziertes Gebäude, das der sicheren Aufbewahrung eines Ungeheuers namens Minotaurus dienen sollte. Dieses Labyrinth war so verzwickt, dass selbst sein Erbauer beinahe den Ausgang nicht mehr gefunden hätte. Das Monster war darin sicher eingesperrt, bis es der Held Theseus fand und erschlug. Der benutzte, um wieder aus dem Bau hinauszufinden, den legendären Faden der Ariadne. Die minoischen Ruinen des weit verzweigten Palastes von Knossos könnten die Sage vom Labyrinth ausgelöst haben.

„Den Faden verlieren"

vergessen, was man sagen wollte

Selbst versierte Redner können „den Faden verlieren", so dass sie eine Argumentation nicht zu Ende führen können. Diese Redewendung stammt nicht aus der Webersprache, sondern hat mythische Wurzeln. In der Zeit vor dem Trojanischen Krieg musste die Stadt Athen wegen einer Blutschuld dem kretischen König Minos alle neun Jahre sieben Jungfrauen und sieben Jünglinge als Menschenopfer für ein Ungeheuer schicken, das Minos in einem Labyrinth hielt. Dieser so genannte Minotauros war ein gewalttätiges Mischwesen aus Mensch und Stier. Der athenische Königssohn Theseus ließ sich als eines der Opfer nach Kreta bringen und tötete das Ungeheuer. Allein hätte er aus dem Labyrinth nicht wieder hinausgefunden, wenn sich nicht Ariadne, die Tochter des Minos, in ihn verliebt und ihm ein Fadenknäuel mitgegeben hätte, das er abwickelte und nach vollbrachter Tat als Wegweiser benutzte. Theseus hatte ernsthaft vor, Ariadne zum Lohn zu heiraten, ließ sie aber bei der Heimfahrt auf der Insel Naxos sitzen, wo sie dann von dem Gott Dionysos gefunden wurde. Aber das ist eine andere Geschichte.

„Wie Ikarus abstürzen"

übertriebenen Wagemut büßen müssen

Es gibt Menschen, die sich umso mehr zutrauen, je weniger schief geht, bis über die Grenzen ihrer Fähigkeiten hinaus. Ein Prototyp dieser Spezies und darum Namensgeber der Redewendung war Ikaros, der Sohn des genialen Erfinders Daidalos (die Römer latinisierten später beide Namen). Die beiden waren die ersten Menschen, die geflogen sind. Sich den Lüften anzuvertrauen, geschah nicht aus übermütiger Lust an der Luftfahrt, sondern aus der Not heraus. Daidalos nämlich wurde vom kretischen König Minos gefangen gehalten, weil er Ariadne den Tipp mit dem Faden gegeben hatte, der Theseus aus dem Labyrinth verhalf. Der einzige Fluchtweg war die Luft, und so konstruierte Daidalos aus einem Gestänge, Wachs und Federn Flügel. Er ermahnte seinen Sohn, weder zu hoch noch zu tief zu fliegen, um nicht mit der Sonne oder dem Wasser des Meeres in Berührung zu kommen. Doch das berauschende Erlebnis, wie ein Vogel zu fliegen, verleitete Ikarus, höher und höher zu steigen. Er kam der Sonne zu nahe, das Wachs schmolz, und die Flügel verloren ihren Zusammenhalt. Der erste Flug endete mit dem ersten Absturz.

„Geflügelte Worte"

sprichwörtliche Zitate

Redewendungen mit Achillesferse oder Ödipuskomplex erkennt jeder sofort als auf die Antike zurückgehend. Andere aber sind erst dann als solche zu identifizieren, wenn man seinen Homer gut kennt. Die „geflügelten Worte" zum Beispiel haben nichts mit Federvieh zu tun, sondern kommen in den beiden großen Epen des Dichters oft vor als poetischer Ausdruck für die Sprache, die sich bildlich auf Flügeln zum Ohr des Zuhörers schwingt. Man trifft auf ihn so oft, dass er in den allgemeinen Sprachgebrauch übergegangen ist – Philologen haben die „geflügelten Worte" in der „Ilias" 46 mal, in der „Odyssee" gar 58 mal gefunden, allerdings in der berühmten Homer-Nachdichtung von Johann Heinrich Voß, denn er übertrug Homers Originalausdruck ins Deutsche. Schließlich nannte Georg Büchmann 1864 seine ebenso berühmte Sammlung „Geflügelte Worte"; darin führte er lateinische und griechische Zitate auf, die auf konkrete klassische Quellen zurückgehen und als Redewendungen Eingang in den allgemeinen Sprachgebrauch gefunden haben.

„Das ist der Zankapfel"

der Gegenstand eines Streites

Warum sollte man sich um einen Apfel, das wohl am weitesten verbreitete Obst Europas, streiten? Nun, es handelte sich hier um keinen gewöhnlichen Apfel, und die Streitenden waren keine gewöhnlichen Sterblichen. Der Zank spielte sich gewissermaßen auf allerhöchster Ebene ab, denn hier stritten die Göttinnen Hera, Aphrodite und Pallas Athene darum, wer von ihnen einen goldenen Apfel zugesprochen bekommen solle, auf den Eris, die Göttin der Zwietracht, die Widmung „der Schönsten" geschrieben hatte, wohl wissend, dass sich die selbstbewussten Diven alsbald einen Zickenkrieg liefern würden. Da sich Zeus, der Obergott, wohlweislich aus dem Streit heraushielt, wurde der junge Paris, trojanischer Königssohn und auch nicht gerade hässlich, zum Schönheitsrichter bestellt. Die Wahl fiel – wen wundert's – auf Aphrodite, die dem gerade der Pubertät Entwachsenen als Gegenleistung die „schönste Frau der Welt" versprochen hatte – wer hätte da widerstehen können.

„Ein Parisurteil fällen"

zwischen Gleichwertigem entscheiden müssen

Der junge Paris, dessen Name im Unterschied zu dem der französischen Hauptstadt auf der ersten Silbe betont wird, hat tatsächlich die Qual der Wahl, nämlich zwischen drei olympischen Göttinnen, die von ihm wissen wollen, wer die schönste Frau auf dem Olymp sei. Ein Mensch soll entscheiden. Die Göttinnen versuchen natürlich, den Juror zu bestechen, da offenbar die äußerlichen Argumente – kein Wunder bei Göttinnen – allzu gleich verteilt sind. Hera verspricht ihm Macht und Athene Weisheit; als aber die Göttin der Liebe ihm die schönste Frau der Welt verspricht, kann Paris nicht widerstehen und erklärt Aphrodite zur Siegerin. Eine folgenschwere Entscheidung, denn die schönste Frau der Welt, eine gewisse Helena, ist bereits verheiratet. Wie man weiß, entführt Paris Helena und löst dadurch den Trojanischen Krieg aus. Die Situation beim Parisurteil war nicht nur für antike Vasenmaler ein willkommenes Motiv, konnten doch hier drei wunderschöne Damen in aufreizender Nacktheit gezeigt werden, denn wie sonst sollten sich um die Schönheit kämpfende Göttinnen einem jungen Mann präsentiert haben?

„Als schöne Helena bekannt sein"

als Frau auffällig gut aussehen

Generationen von Männern waren sich einig, dass kein weibliches Wesen schöner sein konnte als Helena, die Tochter des Zeus und der Leda. Sie soll – Zeus war ja als Schwan zu Leda gekommen – konsequenter-, aber auch amüsanterweise aus einem Ei geschlüpft sein. Helena, die schönste Frau ihrer Zeit, heiratete Menelaos, den König von Theben. Das hinderte aber Aphrodite, die durchtriebene Göttin der Lust und Liebe, nicht, sie dem Paris zu versprechen, wenn er sie im Schönheitsstreit mit den Göttinnen Hera und Athene bevorzugen würde. Paris entführte Helena, wohl nicht ganz ohne deren Zustimmung, nach Troja; die weitere Geschichte schildert Homer in seiner „Ilias" in 15.693 Versen ... Nach dem Fall Trojas nahm Menelaos sie übrigens wieder auf; irgendwie nachvollziehbar – wer hätte auf die schönste Frau der Welt verzichtet. Übrigens sind die vielen Helenas, Helenes und Lenas der letzten tausend Jahre nicht nach der Schönen, sondern nach einer Heiligen benannt, der Mutter Kaiser Konstantins.

„Die schönste Frau der Welt"

Schönheitskönigin

Schönheit ist relativ, aber trotzdem wird immer wieder die schönste Frau der Welt gesucht. In den 50er-Jahren wurden Wahlen von Schönheitsköniginnen zu echten Ereignissen; die „schönste Frau der Welt" wurde sogar von Präsidenten und Königen – weniger von Königinnen – empfangen. Der bekannteste Schönheitswettbewerb war die Wahl der Miss World, die seit 1951 ausgetragen wird. Schon 1952 wurde von der Konkurrenz eine Miss Universum inthronisiert, und mittlerweile gibt es Schönheitsköniginnen wie Sand am Meer, die sich Miss International, Miss Intercontinental oder Miss Galaxy nennen dürfen. Kritische Zeitgenossinnen halten solche Konkurrenzen für würdelos, aber es hat auch in der Antike bereits Castings gegeben. Das berühmteste war sicher das Urteil des Paris, an dem zwar nicht 300 „Misses", aber dafür drei Göttinnen teilnahmen, und der Juror Paris bekam als Schmiergeld Helena, die „schönste Frau der Welt". Im Übrigen ist Schönheit natürlich reine Geschmackssache; man sollte es mit dem Schlager aus dem 1935 gedrehten Filmlustspiel halten: „Ob blond, ob braun, ich liebe alle Frau'n!"

„Als Nestor anerkannt sein"

der Altmeister seines Fachs

In jeder wissenschaftlichen Disziplin gibt es eine Kapazität, die von allen – oder zumindest fast allen – Kolleginnen und Kollegen als „Altmeister" anerkannt wird. Dabei handelt es sich meist um einen im Dienste der Forschung ergrauten, manchmal sogar schon emeritierten Professor, der oft das Standardwerk in seinem Fach geschrieben hat. Eine solche Geistesgröße ist gemeint, wenn die Ehrenbezeichnung „Nestor" gebraucht wird. Allerdings wird als Nestor manchmal auch nur der Älteste unter den Teilnehmern einer wissenschaftlichen Versammlung bezeichnet. Der erste Nestor, ein Held der griechischen Mythologie, war König von Pylos und trat zuerst in der Argonautensage auf, damals noch in den besten Jahren. In der „Ilias" nimmt er am Kampf um Troja teil und ist – nun in Ehren ergraut – der erfahrene, weise, gerechte und gleichzeitig heitere Ratgeber des griechischen Heerführers Agamemnon. Wegen dieser seiner Weisheit wird er gerufen, den schicksalhaften Streit zwischen Agamemnon und Achilleus zu schlichten – leider vergeblich.

„Mit Stentorstimme rufen"

andere mit durchdringender Stimme übertönen

Manchmal fragt man sich, wie die Massenkundgebungen des frühen 20. Jahrhunderts funktionieren konnten ohne Mikrophon- und Lautsprechersysteme. Volksredner wie Lenin müssen regelrechte Stentorstimmen gehabt haben, wenn sie auch die Zuhörer in der zwanzigsten Reihe noch erreichen wollten. Der legendäre Stentor, nach dem überdurchschnittlich laute Stimmen benannt werden, hatte offenbar dieses Problem nicht, sonst wäre sein Name nicht bis heute Synonym für durchdringende bzw. weit reichende Stimmen. Er ist eine Figur aus Homers „Ilias" und zeichnete sich vor allen anderen griechischen Helden nicht so sehr durch besondere Tapferkeit, sondern durch eine Stimme aus, die angeblich so laut war wie die von fünfzig Männern zusammen. Kein Wunder, dass die Anführer des griechischen Heeres ihn gelegentlich dafür nutzten, Befehle oder Warnungen an möglichst viele weiterzugeben. Von dem physiologischen Phänomen, dass es extreme Unterschiede in der Stimmlautstärke gibt, können vor allem Lehrer ein Lied singen ...

„Das ist ein trojanisches Pferd"

getarnter Eindringling in einen geschützten Bereich

Die Sage vom trojanischen Pferd ist sicher eine der populärsten. Kurz gefasst ging es darum, dass den Griechen die Eroberung der kleinasiatischen Metropole Troja nicht gelingen wollte. Schließlich griff Odysseus, einer der Anführer, zu einem Trick. Er ließ ein großes hölzernes Pferd bauen, in dem sich angeblich bis zu 50 Krieger verstecken konnten. Dieses Pferd wurde von den den vermeintlichen Abzug der Feinde feiernden Trojanern, gegen den Widerstand der Seherin Kassandra und des Priesters Laokoon, in die Stadt geschafft. Nachts verließen die Griechen das Pferd und öffneten den zwischenzeitlich zurückgekehrten Kameraden die Tore – der Untergang Trojas war besiegelt. Die List des Odysseus hat sich als Redewendung für Mittel und Wege, getarnt in einen geschützten Bereich einzudringen, erhalten. Die moderne Redensart „etwas vom Pferd erzählen" dürfte dagegen nichts damit zu tun haben, auch wenn das in einigen Internet-Foren behauptet wird.

„Einen Trojaner auf der Festplatte haben"

ein Schadprogramm im Computer

Jede technische Errungenschaft hat ihre Nachteile; auch das Internet wird mittlerweile von einer Menge Krimineller missbraucht. Dazu bedienen sie sich einer Reihe von Schadprogrammen, die als Viren bezeichnet werden, weil sie sich epidemieartig ausbreiten und Rechner regelrecht infizieren können. Eine dieser Anwendungen hatte von der Computerszene die Bezeichnung „Trojanisches Pferd" erhalten, weil sie sich, als nützliches oder interessantes Programm getarnt, auf den Rechner laden lässt, dort aber ein schädliches Eigenleben entwickelt, ähnlich wie die feindlichen Soldaten im sagenhaften hölzernen Pferd in Troja. Dabei kann es sich um Datenspionage handeln, oder der Computer soll von außen ferngesteuert werden. Im IT-Jargon hat sich schon kurze Zeit später aus dem „Trojanischen Pferd" die absolut ungelungene Kurzform „Trojaner" entwickelt, ohne Rücksicht auf die mythologischen Zusammenhänge. Das entbehrt nicht einer gewissen Komik, denn es waren ja gerade nicht Trojaner, die sich da in die Stadt einschlichen. Insofern wäre es logisch, wenn der Trojaner „Grieche" genannt würde.

„Ein Danaergeschenk bekommen"

ein Präsent mit Hintergedanken erhalten

Was sind eigentlich „Danaer"? Der Begriff ist ein bei Homer gebrauchter Sammelname für die griechischen Stämme allgemein. Man leitet ihn von Danaos, einem König der Stadt Argos, ab. Da geht es den Griechen wie den Deutschen, die ja auch in Frankreich mit dem Namen eines Teilstammes geführt werden: Allemands. Oder den Niederländern, denn „Holländer" bewohnen eigentlich nur eine Provinz der Niederlande. Als legendäres Geschenk der Danaer ist ein hölzernes Pferd in die Sagenwelt eingegangen, das in seinem Bauch griechische Krieger verbarg, die, nachdem das vermeintliche Präsent nach Troja hereingeholt worden war, dem Feind die Stadttore öffneten. Und damit ist klar, dass mit einem Danaergeschenk eine nur auf den ersten Blick willkommene, dann aber sich als verhängnisvoll herausstellende Gabe gemeint ist. Sprichwörtlich – und damit für diese Redewendung ursächlich – ist ein lateinisches Zitat aus Vergils „Aeneis" geworden, wo der trojanische Priester Laokoon warnt: „Timeo Danaos et dona ferentes" – Ich fürchte die Danaer, auch wenn sie Geschenke machen.

„Kassandrarufe ausstoßen"

vergeblich warnen

Neben der zweckoptimistischen Wissenschaft, die behauptet, stets alles im Griff zu haben, gibt es alternative Fachleute, die neue Entwicklungen auf deren Gefahrenpotential prüfen und gegebenenfalls davor warnen. Da aber unsere ganze Gesellschaft fortschrittsgläubig ist, werden ihre Warnungen – zum Beispiel vor den Folgen der Massentierhaltung – in der Regel nicht ernst genommen. In dieser Hinsicht sind sie aber nicht die ersten (und werden sicher auch nicht die letzten sein). Schon in Troja gab es eine Wahrsagerin, nach der vergebliche Warnungen benannt wurden. Kassandra, eine trojanische Königstochter, war eine tragische Figur. Nachdem sich der Gott der Weissagung, Apollon, in sie verliebt hatte, verlieh er ihr die Gabe der Prophetie, die er aber, nachdem sie seinem Werben nicht nachgegeben hatte, mit dem Fluch versah, dass keiner ihren Weissagungen glauben würde. Die unglückliche Kassandra warnte somit vergeblich vor der Gefahr, die von dem Pferd der Griechen ausging. Die Folgen sind bekannt.

„Entscheidung auf Messers Schneide"

Ausgang noch offen

Zur Bewaffnung des antiken Kriegers gehörten üblicherweise eine Lanze und ein Schwert, aber sicher auch ein Messer, denn in Homers „Ilias" sagt der weise Nestor vor einer Entscheidungsschlacht zu Diomedes, dass die Entscheidung „auf der Schärfe des Messers" stehe. Die Messerklinge mit ihrer denkbar scharfen Trennlinie ist eine gute Metapher für eine Situation, in der die Entscheidung zugunsten beider Seiten ausfallen kann. Auch im Krieg gegen die Perser soll laut Herodot ein griechischer Kommandant diese Redewendung benutzt haben. Später hat Erasmus von Rotterdam eine zeitgemäße lateinische Form benutzt, die dann mit „auf des Messers Schneide" übersetzt wurde. Wie viele andere Redewendungen, die ihren Ursprung im militärischen Bereich haben, wird auch diese heute hauptsächlich in zivilen Situationen benutzt, von der Politik bis zum Sport.

„Jemanden becircen"

mit den Waffen einer Frau verführen

Die Redewendung geht zurück auf die lateinische Version eines ursprünglich griechischen Namens: Circe, eigentlich Kirke, eine Tochter des Sonnengottes Helios. Ihr Name ist eines der Argumente von Altphilologen, dass der Buchstabe c von den Römern einst wie k ausgesprochen wurde. Diese – nennen wir sie also mit ihrem richtigen Namen – Kirke lebte auf einer Insel und hatte die – übrigens nicht näher begründete – Angewohnheit, alle Besucher in Tiere zu verwandeln. Bekannt wurde sie durch Odysseus, der im Verlauf seiner Irrfahrt auch auf ihr Eiland verschlagen wurde. Seine Gefährten wurden prompt in Schweine verwandelt, Odysseus selbst aber war durch ein Zauberkraut gefeit und konnte Kirke zwingen, seinen Freunden ihre menschliche Gestalt wiederzugeben. Einem anderen, nur allzu weiblichen Zauber konnte aber auch er nicht widerstehen, und so blieb er mehr oder weniger freiwillig ein ganzes Jahr auf der Insel, zeugte sogar laut Hesiod mit Kirke drei Söhne. Die Zauberin hatte Odysseus offensichtlich „becirct" oder „bezirzt", wie dieser Vorgang hässlich eingedeutscht auch genannt wird. So oder so – dieses Umgarnen, Bezaubern oder Verführen geschieht nicht immer freiwillig oder zum Vorteil des Becircten ...

„Zyklopische Mauern“

urzeitliche Bauwerke mit riesigen Steinen

Es gab drei Riesengeschlechter in der antiken Mythologie: Titanen, Giganten und Kyklopen. Die letzteren, von den Römern Zyklopen genannt, waren laut Homer Söhne des Poseidon, mit deren bekanntestem, einem gewissen Polyphem, Odysseus auf seiner Irrfahrt große Probleme hatte. Der griechische Geograph Strabon, der um die Zeitenwende lebte, glaubte, Kyklopen hätten die aus bis zu drei Meter langen und einem Meter dicken Steinblöcken errichteten bronzezeitlichen Mauern in Tiryns und Mykene erbaut, so dass die Bezeichnung „zyklopisch“ entstehen konnte. Kyklopen hatten – „kyklops“ heißt „kreisäugig“ – nur ein einziges, rundes Auge mitten auf der Stirn. Diese eigenartige Physiognomie verdanken sie wahrscheinlich den Erklärungsversuchen der Menschen des Altertums, die, angesichts von Elefantenschädeln mit großen, zentralen Nasenöffnungen, sich in Unkenntnis der zugehörigen Dickhäuter einäugige Riesen vorstellten.

„Mein Name ist Nobody“

Ich verschweige meinen Namen.

Ein Pseudonym zu benutzen, ist ein uralter Trick, um seine wahre Identität zu verschleiern. Wie uralt, zeigt die Geschichte der Begegnung des griechischen Helden Odysseus mit dem Zyklopen Polyphem. Dieser hatte ihn und seine Gefährten auf der Heimfahrt von Troja in seiner Höhle gefangen genommen. Auf die Frage nach seinem Namen hatte Odysseus geantwortet, er heiße „Niemand“. Als dann die Griechen den Einäugigen geblendet und mithilfe einer List des Odysseus die Falle verlassen hatten, wirkte sich dieser Deckname vorteilhaft für die Fliehenden aus, denn Polyphem, den seine Brüder nach seinem Geschrei befragten, rief: „Niemand hat mich geblendet!“, worauf sie ihn nicht ernstnahmen. Dieses antike Pseudonym – auf Lateinisch „Nemo“ – hat in der Kulturgeschichte seitdem Spuren hinterlassen. In England nannte man einen armen Kerl „John Nobody“, in Frankreich „Seigneur Nemo“. Jules Verne nannte seinen Kapitän, der überall und nirgends auftaucht, „Nemo“. Und schließlich lautete 1973 ein nicht ganz ernst gemeinter Italowestern „Mein Name ist Nobody“, in dem Terence Hill das Schlitzohr spielte.

„Sich zwischen Skylla und Charybdis befinden"

die Wahl haben zwischen zwei Übeln

Wenn jemand das Gefühl hat, in einer aussichtslosen Klemme zwischen zwei Übeln wählen zu müssen, geht es ihm vielleicht wie damals Odysseus zwischen Skylla und Charybdis. Auf seiner Irrfahrt kam der Grieche mit seinem Schiff durch eine Meerenge, vermutlich zwischen dem italienischen Festland und Sizilien, wo die Durchfahrt zwischen den Steilküsten aufgrund widriger Strömungsverhältnisse sehr schwierig ist. Aus Sicht der Altvorderen waren hier zwei Ungeheuer am Werk, die die Schiffe bedrohten. Von Skylla wird gesagt, dass sie zwar den Oberkörper einer Frau besaß, ihr Unterleib aber aus sechs Hunden bestand, wie immer man sich das vorzustellen hat. Andere Augenzeugen beschreiben sie zwölfbeinig, mit sechs auf Schlangenhälsen sitzenden Raubtierschädeln. Charybdis lebte unterseeisch, denn sie saugte das Meerwasser mit derartiger Gewalt ein, dass ganze Schiffe mit verschlungen wurden. Die Seefahrer, die dem Strudel der einen zu entgehen suchten, liefen Gefahr, von den Fangarmen der anderen ergriffen zu werden. Odysseus verlor an dieser Stelle sechs seiner Gefährten und entkam nur um Haaresbreite.

„Von einer Sirene gewarnt werden"

ein Alarmhorn hören

Der Sinn einer Sirene, einer akustischen Alarmeinrichtung, ist, unüberhörbar zu sein. Ihr Erfinder, ein gewisser Charles Cagniard de la Tour, entnahm ihre Bezeichnung 1819 der griechischen Mythologie. Allerdings scheint er die Sage nicht genau gekannt zu haben, denn die mythischen Sirenen waren es selbst, vor denen man hätte warnen müssen. Sie erzeugten auch kein misstönendes Geheul, sondern stimmten einen wunderbaren Gesang an, in dem sie auch noch versprachen, bei einem Besuch auf ihrer Insel die Zukunft vorauszusagen. Bei Homer sind es zwei Wesen, die später als Vögel mit Menschenköpfen, noch später mit weiblichen Brüsten und Armen abgebildet wurden. Die Seefahrer, die auf der Insel der Sirenen anlegten, wurden zwar nicht gefressen, fanden aber dort den Tod. Der wissbegierige Odysseus entging diesem Schicksal mit einem seiner Tricks: Er verstopfte die Ohren seiner Kameraden mit Wachs und ließ sich am Schiffsmast festbinden. So konnte er dem Gesang lauschen, ohne in Gefahr zu geraten.

„Einen Mentor haben"

von einem erfahrenen Menschen beraten werden

Viele junge Menschen lehnen heutzutage die Betreuung durch einen erfahrenen Ratgeber ab und wollen lieber alle Erfahrungen selber machen – learning by doing. Klüger wäre es natürlich, nicht alte Fehler zu wiederholen. Für einen solchen erfahrenen Berater hat sich seit dem Anfang des 18. Jahrhunderts die Bezeichnung „Mentor" eingebürgert, seit der Erzbischof von Cambrai in einem Buch die Abenteuer des Telemachos, des Sohnes des Odysseus, geschildert hatte. Darin spielte ein Freund des Königs von Ithaka mit Namen Mentor eine besonders hervorgehobene Rolle. Dieser begleitete zwar den schlauen Griechen vor Troja und bei seiner Irrfahrt, aber aufgrund eines Tricks der Göttin Athene beschützte diese, selbst die Gestalt des Mentor annehmend, auf Odysseus Heimatinsel den Telemachos und stand ihm, der von der tatsächlichen Distanz zum echten Mentor keine Ahnung hatte, immer wieder als wohlwollender weiser Berater zur Seite.

„Sardonisches Grinsen"

ein grimmiges, schadenfrohes Lächeln

Humor ist, wenn man trotzdem lacht. Das bekannte Bonmot ist in diesem Zusammenhang besonders treffend. Denn neben dem einfachen Lachen aufgrund guter Laune gibt es bekanntlich noch Arten, die weniger lustig sind: das ironische, das zynische und das sarkastische Lachen. Weniger bekannt ist das als „sardonisch" bezeichnete, das mehr ein grimmiges, schmerzliches Grinsen ist. Der Begriff taucht zum ersten Mal bei Homer auf, als der heimgekehrte Odysseus angesichts der feiernden Freier seiner vermeintlich verwitweten Frau „sardonisch" in sich hineingrinst, weil er schon weiß, wie er es ihnen heimzahlen wird. Der Begriff wurde später von Pausanias mit der Wirkung einer auf Sardinien wachsenden bitteren Pflanze namens Sardánion in Zusammenhang gebracht. Ihr Genuss löst krampfartige Gesichtsverzerrungen aus, die man für Lächeln halten könnte. Nach einer alten Überlieferung soll es in Sardiniens Urbevölkerung die Sitte gegeben haben, aus Nahrungsmittelknappheit die alten Leute zu töten, offenbar mit ebenjener Giftpflanze, die gewissermaßen den schmerzlichen Abschied mit scheinbarem Lächeln leichter machen sollte.

„Eine Odyssee hinter sich haben“

eine Irrfahrt erlebt haben

Keine der griechischen Sagengestalten kann einem so Leid tun wie Odysseus. Nun gut, seine List mit dem Pferd entsprach nicht der Genfer Konvention, und auch bei anderer Gelegenheit verhielt er sich nicht immer fair. Unterwegs legte er sich mit Göttern und Ungeheuern an, so dass seine Heimfahrt von Troja nach Ithaka, einer der Ionischen Inseln westlich von Patras, immer wieder verzögert wurde – manchmal trieben ihn widrige Winde gar in Sichtweite seiner Heimat wieder hinaus aufs Meer. Die insgesamt zehnjährige Odyssee, in deren Verlauf er alle seine Gefährten, die Besatzungen von zwölf Schiffen, verlor und nach einer Zickzackfahrt durchs gesamte Mittelmeer schließlich allein seine Heimat erreichte, hat auch heutigen Irrfahrten den Namen gegeben.
In vielen Sprachen ist der Begriff zu einem Synonym für große Umwege geworden, ob es sich nun um die wegen eines kaputten Navigationsgeräts zeitraubende Suche nach dem Weg, die jahrelange Irrfahrt einer Akte in den Fluren einer Behörde oder den Flug des einsamen Raumschiffs im Kubrick-Film „Odyssee im Weltraum“ handelt.

„In den Hades hinabsteigen“

sich in die tiefsten Abgründe des Schicksals begeben

Das Leben nach dem Tode war für die Griechen der Antike wenig verlockend. Wenn sie gestorben waren, kamen alle, ohne Unterschied, in das Reich des Herrn der Unterwelt, Hades. Der Bruder von Zeus und Poseidon hatte bei der Aufteilung der Welt das schlechteste Los gezogen: Zeus erhielt den Himmel, Poseidon das Meer, und für Hades blieb die dann nach ihrem Herrscher benannte Unterwelt übrig, bei allen Menschen – und auch Göttern – unbeliebt, denn der Hades galt als schauriges, ödes Reich, aus dem es keine Rückkehr gab. Die Toten fristeten dort ein schattenhaftes, freudloses Dasein, dem jede positive Perspektive verwehrt war. In der Spätantike wurden diese traurigen Aussichten etwas differenziert und erinnern an die christliche Sicht der letzten Dinge: Totenrichter entschieden nun über den künftigen Aufenthaltsort, die elysischen Gefilde in ewiger Zufriedenheit oder den Tartaros, wo Frevler wie Sisyphos oder Tantalos in der tiefsten Tiefe für ihre Sünden büßen mussten.

„Seinen Obolus entrichten"

nicht ganz freiwillig einen finanziellen Beitrag leisten

Eigentlich heißt der Obolus Obolos, denn er war in der Antike eine griechische Kleinmünze. Da mit ihm aber auch eine mythologische Bedeutung verbunden ist, die weit über seinen fiskalischen Wert hinausgeht, ist er sowohl in Rom – als Obolus – als auch über die lateinische Tradition im Deutschen erhalten geblieben und bezeichnet weiterhin einen kleinen Geldbetrag, eine Spende, die man allerdings eher unfreiwillig entrichten muss. In der Mythologie der Griechen mussten die Verstorbenen nämlich von einem Fährmann namens Charon über den Fluss Styx, der Ober- und Unterwelt trennte, übergesetzt werden, um in den Hades zu kommen, wo die Seelen ein Schattendasein führten. Diesen Dienst verrichtete auch ein Charon nicht gratis, sondern verlangte einen Obolos, den so genannten „Charonspfennig". Einem Toten kann man schlecht eine Münze in die Hand drücken, deshalb war es heilige Pflicht der Hinterbliebenen, den Obolos, mit dem er seine Überfahrt bezahlen konnte, unter die Zunge des Verstorbenen zu legen, wo er unterwegs nicht verloren gehen konnte.

„Eine Sisyphusarbeit verrichten"

eine Aufgabe bearbeiten, die nie zu einem Abschluss gebracht werden kann

Die griechische Sagengestalt Sisyphus ist durch ihre Bestrafung in der Unterwelt noch in aller Munde. Kaum jemand weiß aber, warum er zu der berühmt-berüchtigten „Sisyphus-Arbeit" verurteilt wurde, nämlich einen großen Felsbrocken einen steilen Hang hinaufzurollen, der ihm, kurz bevor er das Ziel erreicht, wieder entgleitet, so dass er wieder von vorn anfangen muss. Sisyphus, der sagenhafte Gründer von Korinth und ein besonders schlauer Mensch, legte sich sogar mit Zeus an, der mal wieder einer jungen Frau nachstellte, indem er dies deren Vater verriet. Zeus wollte daraufhin Sisyphus von Thanatos, dem Tod, abholen lassen; Sisyphus aber machte den Tod betrunken und fesselte ihn, so dass der seiner Aufgabe nicht mehr nachgehen konnte und niemand mehr starb. Der Kriegsgott Ares, den es ärgerte, dass es auf dem Schlachtfeld keine Toten mehr gab, befreite den Tod und brachte Sisyphus in den Hades. Aber auch dort konnte er durch einen Trick entkommen, bis ihn dann doch Thanatos, diesmal vorsichtiger, holte und für seine Dreistigkeit ewig büßen ließ.

„Tantalosqualen erleiden“

unerträgliche Leiden erdulden

Sisyphos, Ixion und Tantalos im Tartaros

Der Mensch kann nicht leben, ohne zu trinken. Es muss also eine schreckliche Strafe sein, jemanden daran zu hindern. Tantalos, ein Sohn des Zeus und ursprünglich Liebling der Götter, hatte eine solche Strafe verdient, denn er beging gleich mehrere Untaten gegen die Götter. Nicht nur, dass er Nektar und Ambrosia vom Olymp stahl; er stellte vor allem die Götter auf die Probe, indem er ihnen das Fleisch seines eigenen Sohnes Pelops als Gastmahl servierte, um ihre Allwissenheit zu testen. Für diese unglaubliche Tat verurteilten sie ihn, nicht ohne Pelops wieder zum Leben zu erwecken, auf ewig im Tartaros, unter einem bedrohlich über ihm hängenden riesigen Felsbrocken, in einem See zu stehen; sobald er sich zum Wasser hinab beugte, sank der Wasserspiegel abrupt ab, so dass er seinen brennenden Durst nicht löschen konnte. Außerdem wuchsen dicht über seinem Kopf saftige Früchte, die aber ein Windstoß emporhob, sobald er danach griff. Tantalosqualen sind also die Schmerzen, die jemand, von ungestillter Begierde gepeinigt, empfindet, der etwas nicht bekommen kann, das zum Greifen nahe scheint.

„Ins Danaidenfass schöpfen“

eine nicht zu bewältigende Arbeit tun

Die Redensart vom Danaidenfass wird immer mehr vom „Fass ohne Boden“ ersetzt, was das Gleiche meint. Aber früher, als die Menschen noch eine solide klassische Bildung hatten, war das Fass der Töchter des Königs Danaos in aller Munde. Die dazugehörige Sage ist bizarr. König Danaos, der aus Libyen stammende Ahnherr der Griechen, hatte fünfzig Töchter, sein Zwillingsbruder Aigyptos zufällig fünfzig Söhne. Die beiden Brüder stritten um das Erbe ihres Vaters, bis Aigyptos vorschlug, dass alle Töchter alle Söhne heiraten sollten, dann wäre der Erbstreit beendet. Nach einigen Verwicklungen fand die Massenhochzeit statt, aber alle Bräute – bis auf eine – ermordeten in der Hochzeitsnacht auf Geheiß ihres Vaters ihre Männer. Zur Strafe mussten sie im Tartaros Wasser in ein Fass schöpfen, das durchlöchert war. So wurde es nie voll, und sie konnten nicht erlöst werden. Ein Danaidenfass zu füllen ist also eine mühsame, aber nutzlose und frustrierende Arbeit ohne Ergebnis, darin der Sisyphusarbeit vergleichbar.

„Im Elysium, der Insel der Seligen"

paradiesische Zustände

Die Römer machten aus dem griechischen Elysion ihr Elysium, und als solches hat es sich bis heute in unserer Sprache erhalten als Synonym für die Insel der Seligen, so eine Art Ewige Jagdgründe. Dieses Eiland liegt am westlichen Ende des Erdkreises, wo er vom Okeanos umflossen wird, und ist das Reservat der Helden, denen die Götter zwar die Unsterblichkeit geschenkt haben, ohne sie aber auf dem Olymp zu dulden. Man muss sich das Elysion wie eine paradiesische, ewig frühlingshafte, blumengeschmückte Wiese vorstellen, also das genaue Gegenteil vom freudlosen Hades, in den die gewöhnlichen Sterblichen nach dem Tod kommen. Die Helden des Heroischen Zeitalters sind dort versammelt, Achilleus, Menelaos, Peleus und viele andere; auch der alte Gott Kronos, der Vater des Zeus, soll hier ein beschauliches Dasein genießen. Sie vertreiben sich die Zeit mit Sport und Spiel und trinken ab und zu aus einer Quelle, deren Wasser dazu verhilft, das irdische Leiden zu vergessen. Merkwürdigerweise scheint es auch an diesem glücklichen Ort nicht ohne Justiz zu funktionieren. Nicht Kronos, sondern ein gewisser Rhadamanthys, Bruder des Minos und legendärer weiser Gesetzgeber, schlichtet hier Streitigkeiten zwischen den Unsterblichen.

„Dämonisch aussehen"

einen finsteren Eindruck machen

Heute verstehen wir unter Dämonen Ausgeburten der Hölle, die Menschen erschrecken, bedrohen oder Schaden zufügen – typische böse Geister also, die in unserer rationalen Welt vor allem in Horrorstorys und -filmen ihr Reservat gefunden haben. Ursprünglich hatte ein Dämon – das griechische Wort bedeutet eigentlich neutral soviel wie „Geist" oder „Schicksalsmacht" – fast ein positives Image; dies wird deutlich, wenn man die römische Entsprechung des „Genius" vergleicht. Unter dem Einfluss der christlichen Kirche wurde der Dämon dann zum „Geist" im Sinne von „Gespenst", ja zum „Teufel", der ausgetrieben werden muss.

„Rätselhaft wie eine Sphinx"

undurchsichtig, mysteriös

Ungeheuer haben auch Geschwister. Die Schwester von Hydra und Höllenhund Kerberos war die Sphinx. Diese Dämonin wartete unweit Thebens auf Reisende, denen sie eine Frage stellen konnte. Wenn jemand das Rätsel nicht lösen konnte – und das waren genau genommen alle Kandidaten – , fraß die Sphinx den Unglücklichen auf. Das Rätsel ist seitdem sehr berühmt und lautet: Was geht am Morgen auf vier, am Mittag auf zwei und am Abend auf drei Beinen? Der Mensch, ist die Antwort, denn er krabbelt als Baby auf allen Vieren, geht aufrecht als Erwachsener und benötigt als Stütze im Alter einen Stock als drittes Bein. Ödipus konnte das Rätsel lösen, weshalb sich die Sphinx von ihrem Felsen in den Tod stürzte. Eine Sphinx stellten sich die Griechen wie eine geflügelte Löwin mit Kopf und Brüsten einer Frau vor. Was viele nicht wissen: In Ägypten war „der Sphinx" männlich, ein Löwe mit menschlichem Kopf, meist dem des Pharaos. In der Fachsprache der Archäologen hat sich deshalb zur Unterscheidung eingebürgert, die griechische Sphinx weiblich, den ägyptischen männlich zu nennen.

„Einen Basiliskenblick haben"

jemanden geradezu tödlich scharf mustern

Der Basilisk der griechischen Mythologie – wörtlich übersetzt „kleiner König" – ist eines der bekanntesten Fabeltiere der Geschichte. Dieser „König der Schlangen" wird zum ersten Mal bei Demokrit im 5. Jahrhundert v. Chr. erwähnt, später auch bei Plinius dem Älteren als afrikanische Schlangenart. Als Fabelwesen ist der Basilisk natürlich etwas bizarren Ursprungs, denn er schlüpft aus dem Ei eines alten Hahnes, das von einer Kröte oder einer Schlange ausgebrütet wurde. Sein Atem stinkt unerträglich. Seine wichtigste Eigenschaft aber, und damit kam er auch in einem Harry-Potter-Roman zu aktuellen Ehren, ist, dass sein Blick versteinert, worauf sich auch die Redewendung vom Basiliskenblick bezieht, von dem getroffen man förmlich erstarrt. Der reale tropische Basilisk ist eigentlich ein Leguan; seine merkwürdige Eigenschaft ist nicht der versteinernde Blick, sondern die Fähigkeit, übers Wasser laufen zu können, weshalb er auch „Jesus-Christus-Echse" genannt wird.

„Eine Chimäre züchten“

ein Fantasiegebilde erzeugen

Eines der unzähligen Fabelwesen der griechischen Mythologie war die Chimaira, im Deutschen allgemein Chimäre genannt. Sie stammte aus einer Beziehung, aus der auch die Hydra, der Kerberos und die Sphinx hervorgegangen waren – eine reizende Verwandtschaft. Homer schildert sie in der „Ilias“ als feuerspeiendes Ungeheuer mit drei Köpfen, vorn ein Löwenhaupt, im Nacken ein Ziegenkopf und als Schwanz der Kopf einer Schlange oder eines Drachen, darin ihrem Bruder, dem Höllenhund, ähnlich. Dieses Mischwesen tyrannisierte Lykien, ein Königreich auf dem Boden der heutigen Türkei. Erst der Held Bellerophontes konnte es töten, nachdem ihm der Meeresgott Poseidon das geflügelte Pferd Pegasos zum Luftkampf zur Verfügung gestellt hatte. Bezug nehmend auf die in dem Wesen zusammengewürfelten Teile von drei Tieren wurde der Begriff Chimäre später auf alle Mischwesen ausgedehnt. Im heutigen Sprachgebrauch wird „Chimäre“ bzw. auch „Schimäre“ allerdings auch als Synonym für ein Hirngespinst, Fantasiegebilde oder Einbildung verwendet.

„Den Pegasus reiten“

eine poetische Ader haben

Die griechische Mythologie kennt die unterschiedlichsten Paarungen mit den merkwürdigsten Ergebnissen. Eine davon ist die Liaison zwischen Poseidon und der Gorgone Medusa, die das geflügelte Pferd Pegasos hervorbrachte. Der Pegasos soll Blitz und Donner zu Zeus auf den Olymp gebracht haben. Das später bei den Römern Pegasus genannte Ross diente dem Helden Bellerophontes, das Ungeheuer Chimaira und später die Amazonen zu besiegen. Der Ruf des Pegasus, ein Dichterross zu sein, geht auf Erzählungen von zwei Quellen zurück, die sein Hufschlag geöffnet haben soll und die Dichter poetisch inspirierten. Im Mittelalter wurde aufgrund dieser Sagen der Pegasus zum Dichterross, auf dessen Schwingen sich die Poeten zum Olymp emporschwingen können. Moderne Umdeutungen der Sage um den Pegasus, z. B. im Film „Kampf der Titanen“, bringen das Pferd mit dem Helden Perseus und seinem Kampf gegen die Medusa in Verbindung. Aber wieso hätte das Flügelpferd bei der Tötung seiner eigenen Mutter helfen sollen?

„Der dritte im Bunde sein wollen“

Freundschaft schließen wollen

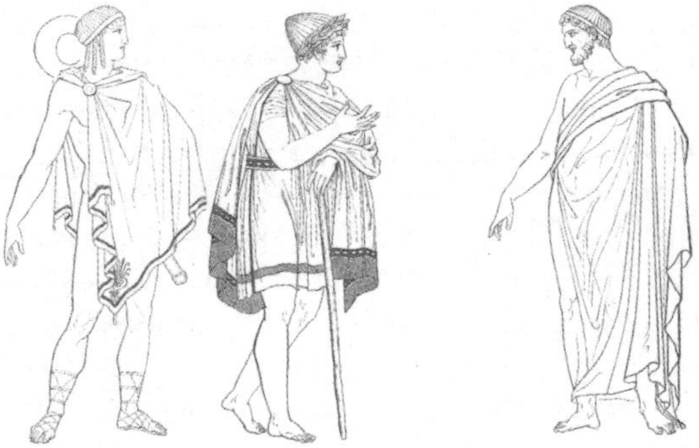

Ich sei, gewährt mir die Bitte, in eurem Bunde der dritte!“ – dieser bekannte und oft zitierte Schluss der 1799 veröffentlichten Ballade „Die Bürgschaft“ von Friedrich Schiller hat Eingang gefunden in unseren Sprachschatz. Nur wenige wissen, dass dem Inhalt des 20-strophigen Gedichts eine historische Begebenheit im 4. Jahrhundert v. Chr. zugrunde liegt. Das überlieferte Ereignis betraf den Tyrannen von Syrakus, Dionysios II., der einem Attentat eines Pythagoreers namens Phintias zum Opfer fallen sollte. Dass dieser Phintias seinen Freund Damon – Schiller machte Damon zum Attentäter – zum Bürgen wählte, hat mit der Bedeutung der Freundschaft unter den Anhängern dieser Philosophie zu tun. Die Ballade folgt im Großen und Ganzen dem überlieferten Ablauf, auch soll der historische Dionysios tatsächlich um Aufnahme in den Freundschaftsbund gebeten haben. (Eine der Glanznummern des Showmasters Peter Frankenfeld war eine herrliche Persiflage der Ballade mit dem Titel „Die Wirtschaft“.

„Sieh da, sieh da, Timotheus!“

Achtung! Pass auf!

Dieses weit verbreitete Zitat stammt aus der Ballade „Die Kraniche des Ibykus“, die Friedrich Schiller 1797 veröffentlichte. Der Dichter verarbeitete darin eine Sage des klassischen Altertums. Sie handelt von dem Lyriker Ibykos (lateinisch Ibycus), der um die Mitte des 6. Jahrhunderts v. Chr. gelebt haben soll. Dieser Dichter, der für seine erotischen Lieder berühmt war, wurde auf seiner Reise zu den Isthmischen Spielen, bei denen, genauso wie in Olympia, nicht nur sportliche Übungen bewertet wurden, sondern auch Dichter und Musiker sich dem Preisgericht stellten, von Wegelagerern ermordet. Schiller schildert die Szene, in der der sterbende Poet Kraniche am Himmel als Zeugen anruft, eindrucksvoll, noch eindringlicher aber die Situation, in der die Rachegöttinnen, die Erinnyen, zusammen mit den Kranichen die Täter zur Selbstentlarvung bringen, indem einer der beiden mehr oder weniger unabsichtlich seinen Kumpan Timotheus auf die Kraniche als die des Ibykos hinweist.

„Wie ein Damoklesschwert über dem Haupt"

ungewisser Ausgang in einer bedrohlichen Lage

Die Geschichte vom Schwert am Pferdehaar ist eine Parabel. Danach gehörte ein gewisser Damokles im 4. Jahrhundert v. Chr. zum Hofstaat des Tyrannen Dionysios von Syrakus, von dem übrigens auch Schillers bekannte Ballade „Die Bürgschaft" handelt. Damokles beneidete den König um dessen Macht und Reichtum, und das nicht nur heimlich. Dionysios beschloss, ihm eine Lehre zu erteilen, und lud ihn zu einem Gastmahl ein, wo er sogar auf seinem Platz sitzen durfte. Vorher hatte der König über dem Sitz ein Schwert mit der Spitze nach unten aufhängen lassen, und zwar an einem einzigen Pferdehaar. Damokles war nur so lange selig, bis er das Schwert bemerkte. Er bat schon bald darum, das Gelage verlassen zu dürfen; er wolle lieber auf alle Annehmlichkeiten verzichten, als dieser Gefahr ausgesetzt zu sein. Und die Moral von der Geschicht': Die im Überfluss leben, können nie sicher sein, dass es nicht plötzlich vorbei ist mit ihrem Luxus. Die Redewendung „am seidenen Faden hängen" dürfte nichts mit dem Schwert des Damokles zu tun haben; der seidene Faden ist vielmehr der Lebensfaden, den die Parzen spinnen – und irgendwann abschneiden.

„Wie ein Phoenix aus der Asche"

überraschend wieder aufgetaucht

Wenn etwas völlig Zerstörtes, Untergegangenes oder verloren Geglaubtes wider Erwarten noch existiert oder in neuem Glanz erscheint, wird dafür das Bild von einem sagenhaften Vogel verwendet, der ebenfalls die Eigenschaft hatte, immer wieder neu zu erstehen. Es handelt sich um den Phönix, einen mythischen Vogel, der aus dem ägyptischen Kulturkreis in die griechische und später römische Mythologie übernommen wurde. In der Zeit des Hellenismus, also den drei Jahrhunderten vor der Zeitenwende, glaubte man, dass der Phönix, der bezeichnenderweise in keinem Zusammenhang mit bekannten Helden oder dem griechischen Götterhimmel steht, eine hohe Lebenserwartung von bis zu 500 Jahren habe, aber nur einmal, und zwar an seinem Lebensende, ein Nest baue. Darin gehe er in Flammen auf; in der Asche liege aber ein Ei, aus dem ein neuer Phönix schlüpfe. Es ist wenig erstaunlich, dass durch diese phänomenale Fähigkeit zur Regeneration der Phönix später zur Metapher der Unsterblichkeit wurde.

Kapitel 2

Von Amors Pfeil bis Venusberg

Redewendungen und Begriffe aus der römischen Mythologie

RESTITVIT

„Neptun opfern“

sich bei Seekrankheit übergeben

Der griechische Götterhimmel ist bekanntlich Vorbild für den römischen gewesen. Viele der griechischen Original-Götternamen sind heute nicht mehr populär, weil sie von den viel weiter verbreiteten römischen verdrängt worden sind. Auch dem griechischen Poseidon erging es so, er wurde von seinem römischen „Kollegen“ Neptun überflügelt, soweit man das von einem Meeresgott sagen kann. In der archaischen Weltvorstellung wurden die drei Naturbereiche durch Hauptgötter vertreten: Zeus/Jupiter für den Himmel, Hades/Pluto für die Unterwelt und Poseidon/Neptun für das Meer (für die Erde waren alle zugleich zuständig). Neptun, der mit seinem Symbol, dem Dreizack, dargestellt wurde, spielt auch heute noch in der Seemannsmythologie eine Rolle, neben dem Klabautermann und dem Fliegenden Holländer. Bei einem Umtrunk wird traditionell ein Glas als Opfer für ihn ins Meer geschüttet. Eher sarkastisch ist die Verwendung der Redensart, wenn bei hohem Seegang das Mittagessen partout nicht im Magen bleiben will, sondern den Weg über die Reling findet.

„Pluto“ – Planet und Hund

Himmelskörper auf extremer Umlaufbahn und Comic–Köter

Kürzlich ist dem 1930 entdeckten Himmelskörper Pluto, der kleiner ist als der Erdmond, der Status eines Planeten aberkannt worden. Wegen seiner dunklen, weit von der Sonne entfernten Bahn hatte ein elfjähriges, an klassischer Mythologie interessiertes Mädchen aus Oxford damals vorgeschlagen, ihn nach dem römischen Gott der Unterwelt zu benennen. Das radioaktive Schwermetall Plutonium erhielt dann 1942 wegen seiner „infernalischen Wirkung“ seinen Namen nach dem finsteren Planeten. Vergessen wir bei derart universellen Dingen aber einen berühmten Hund namens Pluto nicht. Man weiß, dass sich Disney bei der Benennung eines der beliebtesten Hunde der Comic-Kultur von dem kurz zuvor entdeckten Planeten hat inspirieren lassen; wenn man aber den hintergründigen Humor – und die durchaus auch bei Amerikanern dieser Zeit noch verbreitete klassische Bildung – des Comic-Vaters in Rechnung stellt, kann man davon ausgehen, dass es sich bei dem tollpatschigen Hund dieses Namens um eine Parodie des Höllenhundes Cerberus handeln dürfte.

„Schön wie Apoll“

göttlich gut aussehend

Die männliche Götterwelt der Römer beeindruckte nicht durch besondere Schönheit. Andere Attribute wie Stärke, kriegerisches Wesen oder Klugheit waren wichtiger. Nur einer der Olympier stach durch seine sprichwörtliche Schönheit unter den anderen hervor: Apollo, bei den Griechen Apollon genannt, Sohn des Jupiter und der Latona und Zwillingsbruder der Göttin Diana. Apollo war der jugendlich schöne Gott des Lichts, der Heilung und Reinheit, aber auch der Künste, insbesondere der Musik, der Dichtkunst und des Gesangs. Besonders populär war er als Gott der Weissagung – sein bekanntestes Heiligtum war Delphi, das wichtigste Orakel der Antike. Der mittlerweile seltene Apollofalter (Parnassius apollo) hat seinen Namen von dem dem Gott geweihten Musenberg Parnassos in Mittelgriechenland, an dessen Fuß Delphi liegt.

„Der Rheinische Merkur“

westdeutsches Nachrichtenblatt

Wieso nennen sich Zeitungen nach einem römischen Gott? Der Rheinische Merkur, der Münchner Merkur und eine überregionale Monatszeitschrift haben diesen Namen gewählt, weil Merkur als Götterbote unter anderem dafür zuständig war, Nachrichten in kürzester Frist unter den anderen Göttern, die oft weit vom Olymp entfernt unterwegs waren, zu verbreiten. Dafür hatte er als Hilfsmittel – ein Zeichen dafür, dass auch Götter nicht allmächtig sind – die berühmten geflügelten Schuhe und einen ebensolchen Helm auf dem Kopf. Mercurius war einer der zwölf olympischen Götter und entsprach als „Götterbote“ und Gott der Händler – in Rom nannten sich die Mitglieder der Kaufmannszunft „mercuriales“, und seit 1947 wird sein Flügelhelm als stark stilisiertes Logo für die Hannover-Messe benutzt – dem griechischen Hermes. Sein Name geht auf das lateinische Wort „merx“ für „Ware“ zurück. Auch wenn Merkur unter anderem der Gott der Diebe war, wurde der Mittwoch „Mercurii dies“ benannt, was später in den romanischen Sprachen – im Italienischen mercoledì, im Französischen mercredi, im Spanischen miércoles – Spuren hinterlassen hat.

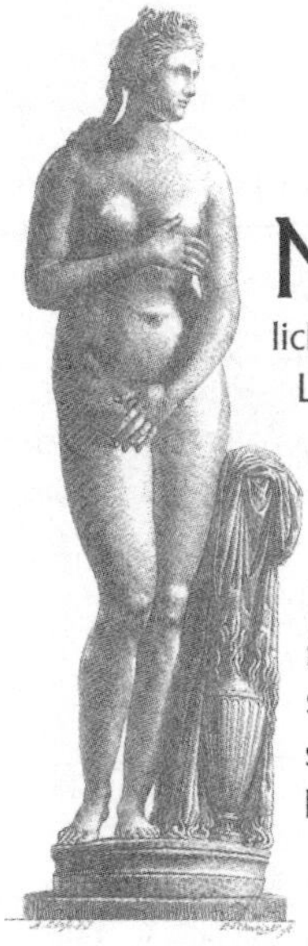

„Venusberg und Venushügel"

sagenhafter Lusttempel und erogene Zone

Nach der römischen Göttin Venus sind zwei Erhebungen unterschiedlicher Höhe benannt, die nicht verwechselt werden sollten. Der Venusberg gilt in der mittelalterlichen Sage als das Exil der vor dem Sieg des Christentums geflohenen heidnischen Liebesgöttin; hier wartet sie, umgeben von reizvollen Nymphen, auf Männer und verführt sie zu einem Leben in allen erdenklichen, vor allem erotischen Ausschweifungen – ein antikes Eroscenter. Im Mittelalter äußerst verwerflich, führte so ein Leben konsequenterweise geradewegs in die Hölle. Der berühmteste Insasse des Venusberges soll Tannhäuser gewesen sein, ein realer Ritter und Minnesänger, der es vor allem durch Wagners gleichnamige Oper zu dauerhafter Bekanntheit brachte. Ein echter Venusberg befindet sich im Stadtgebiet von Bonn; sein Name hat aber mit der Lustgöttin nichts zu tun, sondern leitet sich von dem niederdeutschen Wort für Moor ab. Nicht etwa der kleinere Bruder des Venusberges ist der Venushügel, der treffender als Schamhügel bezeichnet wird. Auch wenn er seinen Namen nach der römischen Liebes- und Lustgöttin hat, besteht dieser pikante Teil der weiblichen Anatomie über dem weiblichen Schambein ernüchternderweise aus Fettgewebe ...

„Von Amors Pfeil getroffen werden"

von heftiger Zuneigung ergriffen werden

Bei der Übernahme der griechischen Götter durch die Römer erhielten viele Zuständigkeiten zugeordnet, die vorher etruskische oder italische Gottheiten innegehabt hatten. Der römische Gott Amor, auch unter dem Namen Cupido bekannt, ist eigentlich das Pendant zum griechischen Eros und genau wie dieser der Sohn von Mars/Ares und Venus/Aphrodite. Beide, Amor und Eros, sind zwar Gott der Liebe, aber nicht der tiefen, bedingungslosen Zuneigung, sondern eher des Verliebens. Heute schwingt beim Namen Amor nicht die erotische (sic!) Reife seines griechischen Bruders mit, sondern eher eine fast harmlose Liebelei. Die Redewendung ist entstanden, weil Amor – im Unterschied zu Eros! – meist als geflügeltes Kleinkind dargestellt wird, das, mit Pfeil und Bogen bewaffnet, augenzwinkernd ins Herz trifft, wodurch dann leidenschaftliches Klopfen desselben ausgelöst wird.

„Vulkanische Kräfte“

unbeherrschbare Urgewalten

Der Mensch, der bis vor gar nicht so langer Zeit ausschließlich auf eigene oder höchstens tierische Kräfte zurückgreifen konnte, hat es technisch fertiggebracht, elementare Gewalten freizusetzen – ob immer zum Segen der Menschheit und der Erde, sei dahingestellt. Trotzdem brechen immer wieder Naturgewalten aus, gegen die selbst Atombombenstärken verblassen. Erdbeben, Tornados, Flutkatastrophen, das alles ist jenseits menschlichen Vermögens, es zu entfesseln, aber auch es einzudämmen oder gar zu verhindern. Ein gutes Beispiel sind die aktiven Vulkane, deren Urgewalt atemberaubend ist – es gibt nichts, das sie aufhalten könnte. Benannt sind sie nach dem römischen Gott des Feuers und der Schmiede, Vulcanus, dessen griechischer Name Hephaistos ist. Er hat der römischen Sage nach seine Werkstatt, in der er Waffen für die Götter schmiedet, im Innern des feuerspeienden Berges Vulcano auf einer der Liparischen Inseln nördlich von Sizilien. Er ist übrigens der einzige Gott, der ausgesprochen hässlich ist, was seine Gattin Venus zu immer neuen Amouren mit Schönlingen veranlasst.

„Einen martialischen Eindruck machen“

kriegerisch wirken

In der römischen Götterwelt war Jupiter der Chef. Aber es gab einen, der ihm im Götter-Ranking fast gleich kam: Mars, der Kriegsgott – in einer, jedenfalls in ihren Anfängen, kriegerischen Kultur wie der römischen kein Wunder. In vielem dem griechischen Ares gleich, war er doch vielseitiger und dominanter und wurde dementsprechend mehr verehrt. Er spielte als Vater der Stadtgründer Romulus und Remus und damit als Ahnherr der Römer eine wichtige Rolle. Der dritte Wochentag wurde ihm zu Ehren „Martis dies“ genannt, weshalb noch heute der italienische Dienstag martedi und der französische mardi genannt wird. Auch in unserer Sprache hat der römische Kriegsgott seine Spur hinterlassen. Wenn etwas sehr kriegerisch daher kommt, nennen wir es immer noch martialisch, also dem Mars entsprechend. Ob nun alle Männer „martialisch“ sind, sei dahingestellt; das astrologische Symbol für den Kriegsgott, der Kreis mit einem nach rechts oben gerichteten Pfeil, wurde jedenfalls als Kürzel für „männlich“ übernommen.

„Das hat einen Januskopf"

Etwas ist zweideutig.

Einer der typischen Kleinstwagen der Nachkriegszeit war, neben dem legendären Goggomobil und der Isetta, der Janus von der Firma Zündapp. Er sah von vorn wie von hinten fast gleich aus, was daran lag, dass Sitze und Türen spiegelsymmetrisch angeordnet waren. Je zwei Passagiere saßen mit dem Rücken zueinander, zwei schauten nach vorn, zwei nach hinten. Die Namensgebung zeugt von der klassischen Bildung des Herstellers, denn sie geht zurück auf den doppelköpfigen römischen Gott Janus. Dieser galt als Gott des Aus- und Einganges, des Anfangs und des Endes und wurde dargestellt mit zwei Gesichtern, eines normal vorn, eines am Hinterkopf, dadurch gleichzeitig nach vorn und nach hinten blickend. Sein Name hat zu tun mit dem lateinischen Wort „ianua" (Schwelle), womit auch die Zeitschwelle vom alten zum neuen Jahr gemeint war, weshalb der erste Monat des Kalenders den Namen Januar trägt. Die Produktion des Janus-Wagens wurde übrigens nach nur 6902 Exemplaren eingestellt – eine Folge des Wirtschaftswunders.

Die Monate Januar, Februar, März, April, Mai, Juni

Mythologie im Kalender

Unsere Monate haben keine deutschen Namen, sondern ihre Bezeichnungen klingen fast überall in Europa ähnlich. Das liegt daran, dass unser Kalender auf die alten Römer zurückgeht, die Europa ihren Stempel aufgedrückt haben. Besonders Julius Caesar hat dafür gesorgt, dass das Sonnenjahr im römischen Reich verbindlich wurde. Die ersten sechs Monate haben daher immer noch Namen, die aus der römischen Mythologie stammen. Der Januar ist – nicht unpassend – benannt nach Janus, dem Gott mit den zwei Gesichtern, mit denen er gleichzeitig ins neue und alte Jahr blickt. Der Februar hat seinen Namen nach dem lateinischen Verb „februare" (reinigen), weil in ihm das Reinigungsfest Februa gefeiert wurde. Der März ist benannt nach dem Kriegsgott Mars, dem Vater von Romulus und Remus und damit Urahn der Römer. Im April öffnen sich die Blüten, weshalb dieser Monat nach dem lateinischen „aperire" (öffnen) benannt wurde. Die nächsten beiden Monate sind nach weiteren Gottheiten benannt, nämlich nach Jupiter Maius, dem Gott des Wachstums, und nach Juno, der Gattin des Jupiter und Schirmherrin der Stadt Rom.

„Fortuna lächelt"

Glück gehabt

Als früher die Fortuna aus Düsseldorf und die Fortuna aus Köln in derselben Liga spielten, ging es bei Begegnungen dieser Fußballclubs heiß her, und die Göttin des Glücks, deren Namen man zum Vereinsnamen gemacht hatte, wohl um ihren Segen beim sportlichen Tun zu beschwören, war einem Gewissenskonflikt ausgesetzt. Aber sie war auch die Göttin des Schicksals, und das ist bekanntlich wankelmütig und unzuverlässig, worauf zwei ihrer Attribute hindeuten, symbolisch für ihre Zuverlässigkeit: das Lebensrad und eine Kugel, auf der sie balancierte. Kein Wunder, dass sie auch für die Orakel zuständig war, den antiken Vorläufer der Astrologie beim Versuch, etwas über die Zukunft zu erfahren. Fortuna spielte in der Religion der Römer eine wichtige Rolle mit vielen Tempeln im gesamten Römischen Reich. Ihr wichtigstes Attribut war das Füllhorn, dessen Inhalt gleichermaßen ein gutes wie ein böses Schicksal sein konnte, Glück und Pech. Sie goss es ohne Ansehen der Person aus. Wilhelm Busch fand die richtigen Worte: Fortuna lächelt, doch sie mag / Nur ungern voll beglücken / Schenkt sie uns einen Sommertag / So schenkt sie uns auch Mücken.

„Ein Füllhorn ausgießen"

Überfluss verbreiten

Bei Darstellungen von Gottheiten konnte es schwierig sein, diese auf Anhieb zu identifizieren; Göttinnen waren meist strahlend schön, entweder reich gewandet oder splitternackt, jedenfalls nicht so ohne weiteres als Venus, Diana oder Juno zu erkennen. Männliche Gottheiten, ob Apollo, Mars oder Merkur, stellte man maskulin, gut aussehend und meist nackt dar. Um Götterstatuen zu charakterisieren, wurden ihnen Attribute zugeordnet, symbolische Gegenstände, die etwas mit ihrer Zuständigkeit zu tun hatten; am bekanntesten ist sicher der Dreizack des Neptun. Einige Göttinnen, zum Beispiel die Schicksalsgöttin Fortuna, trugen ein Füllhorn. Das ist weder ein Musikinstrument noch ein Trinkgefäß, sondern ein geflochtener Korb, der in der Antike unter anderem zur Weinlese verwendet wurde. Er war trichterförmig, so dass er gut unter den Arm genommen werden konnte. Im Arm einer Göttin war er mit Blumen und Früchten gefüllt und symbolisierte Fruchtbarkeit und Überfluss.

„Cerealien zum Frühstück“

Frühstücksflocken aus Getreide

Wer heute von Zerealien – manchmal auch mit C geschrieben – spricht, meint in der Regel Frühstücksflocken, weil auf der Packung „breakfast cereals“ steht. Zerealien sind aber in der Landwirtschaft bzw. im Lebensmittelhandel alle der menschlichen Ernährung dienenden Gewächse und deren Früchte, insbesondere Getreideprodukte. Dieser Begriff wurde vom Namen der römischen Göttin Ceres abgeleitet, einer Tochter des Saturn und damit Halbschwester Jupiters. Sie war die Göttin der Erde, des Ackerbaus, der Fruchtbarkeit und der Ehe und damit in etwa der griechischen Demeter vergleichbar, deren Namen sich ja eine Handelsorganisation entliehen hat, die biologisch-dynamisch erzeugte Produkte verkauft. Dass in vielen romanischen Sprachen auch das Wort für Bier – lateinisch „cervisia“, französisch „cervoise“, spanisch „cerveza“ – von dieser Göttin abgeleitet ist, ist darauf zurückzuführen, dass beim Bierbrauen bekanntlich Gerste eines der drei erlaubten Bestandteile ist.

„Flora und Fauna“

Pflanzen– und Tierwelt

Jahreszeitliche Erscheinungen wie Kälte und Regen wurden in Zeiten der fehlenden naturwissenschaftlichen Erkenntnisse dem Wirken von Gottheiten zugeschrieben, und so hatte auch die Blüte der Natur im Frühjahr ihre verantwortliche Göttin. Ihr Name in der römischen Mythologie war Flora, besonders zuständig für die Getreideblüte, die ja sehr wichtig war für den Ertrag der Ernte ein Vierteljahr später. Flora zählte zu den so genannten Vegetationsgöttern, zu denen – in Rom in zwei Tempeln – für eine gute Ernte gebetet wurde. Analog zu ihrer Disziplin Blüte galt sie konsequenterweise auch als Göttin der Jugend und als Schutzgott der Schwangerschaft. Der Name einer anderen, heute in Vergessenheit geratenen, damals aber sehr wichtigen Göttin wurde von ihren Priesterinnen geheim gehalten; sie war zuständig für Fruchtbarkeit, Heilung und Jungfräulichkeit und wurde unter dem Pseudonym Bona Dea, „gute Göttin“, angebetet. Einer ihrer Beinamen war Fauna, womit heute, als sprachliche Zwillingsschwester der Flora, die Tierarten in einem Gebiet oder in einer Epoche bezeichnet werden.

„Aurora“

beliebter Name für alles Mögliche

Aurora“ wird in allen möglichen Bereichen der menschlichen Zivilisation gern als Produktname genutzt, für Orte, Himmelskörper, Panzer- und andere Kreuzer, Walfangschiffe, Fregatten, Fähren, Kreuzfahrtschiffe, Admiralitätsjachten und Küstenwachboote, Weltraumprojekte, geheime Versuchsflugzeuge und Raketen, Romane, Verlage, Jahrbücher, Opern, Plattenlabel, Getreidemühlen, Matratzenhersteller, Minengesellschaften, Server, Bergwerke, Rebsorten, Automobile, Software, Natursteinsorten, Filmpreise, und nicht zuletzt nennen sich eine ungarische Punk-, eine dänische Death-Metal- und eine britische New-Wave-Band so. Ursprünglich war dieser Name die lateinische Bezeichnung der Morgenröte, die die Griechen Eos nannten. Bekanntlich ordneten die Menschen in der Antike auch Naturerscheinungen Gottheiten zu, und so war Aurora gleichzeitig der Name der Göttin dieses Naturphänomens. Sie galt als Schwester des Sonnengottes Sol und der Mondgöttin Luna, beides auch Naturgottheiten. Mal abgesehen vom Wohlklang des Wortes bleibt unklar, warum Kriegsschiffe, Getreidemühlen und Computerprogramme „Aurora“ genannt werden.

„Keine Moneten haben“

mittellos sein

Was sich wie ein Wort der Berliner Gassensprache anhört, hat seinen Ursprung in der römischen Mythologie. Auf dem Capitol, einem der sieben Hügel, auf denen die Ewige Stadt errichtet worden ist, stand der Tempel der Juno Moneta. Juno war die Stadtpatronin Roms, und der eigenartige Beiname, der „Mahnerin“ bedeutet, geht zurück auf ein Erdbeben, in dessen Verlauf die Göttin die Bürger gemahnt haben soll, mehr Opfer zu bringen. Entweder in oder direkt neben diesem Tempel soll sich eine Münzstätte befunden haben, weshalb später diese Prägewerkstatt und danach das dort hergestellte Geld nach dem Tempel benannt wurden. Im 18. Jahrhundert ging der Begriff „Moneten“ als damals noch studentische Bezeichnung für Geld, dann aber etymologisch verändert auch als „Münzen“ in unsere Sprache ein. Aber auch in anderen Sprachen finden sich Spuren der Göttin Moneta: „money“ im Englischen, „Monnaie“ im Französischen, „moneta“ im Italienischen erinnern an sie.

„Den Lebensfaden abgeschnitten bekommen"

plötzlich sterben

Ist der Mensch eine Marionette, die plötzlich leblos in sich zusammenfällt, wenn jemand den Führungsfaden durchschneidet? Wilhelm Busch brachte es auf den Punkt: „In der Wolke sitzt die schwarze / Parze mit der Nasenwarze / und sie zwickt und schneidet, schnapp!! / Knopp sein Lebensbändel ab." Dabei griff er auf eine in der römischen und griechischen Mythologie verbreitete Vorstellung zurück, dass drei Schicksalsgöttinnen, bei den Griechen Moiren, bei den Römern Parzen genannt, menschliche Lebensfäden spinnen. Je nach Länge und Qualität des Fadens bemisst sich das Leben des daran Hängenden. Die Parzen waren ursprünglich Geburtsgöttinnen, worauf ihre Eigennamen noch hinweisen: Nona („die Neunte"), Decima („die Zehnte") und Parca („die Geburtshelferin"), wobei sich die ersteren beiden auf die Monde einer Schwangerschaft beziehen. Später wurden die Parzen so etwas wie Buchhalterinnen Jupiters; sie waren zuständig dafür, den Willen des Chefgottes auf Metalltafeln zu archivieren.

„Wie von Furien gehetzt"

rastlos ein Ziel verfolgend

In den 60er-Jahren war das Fernsehpferd Fury sehr populär. Eigenartig, dass es einen negativ behafteten Namen trug, denn das englische Wort „fury" geht auf die Furien, die römischen Rachegöttinnen, zurück. Sie sind heutzutage bekannter als ihre griechischen Pendants, die Erinnyen. Nach der Mythologie entstanden die drei Göttinnen namens Alekto, Megaira und Tisiphone, die dafür sorgten, die sittliche Ordnung zu schützen und bei Verfehlungen zu rächen, in dem unappetitlichen Umfeld der Entmannung des Urgottes Uranos. Der Name der römischen Göttinnen leitet sich von dem lateinischen Verbum „furere" (rasen, toben) ab, weil die Römer sie sich als alte, aber jungfräuliche Weiber vorstellten, mit schwarzen, verzerrten Gesichtern, Schlangenhaaren und drohend geschwungenen Fackeln – der Inbegriff des Entsetzens. Heute hat die Bezeichnung „Furie" immer noch etwas Furchteinflößendes, denn gemeint ist eine Frau, die vor Zorn in Raserei verfällt. Merkwürdigerweise ist das davon abgeleitete Adjektiv „furios" in der Bedeutung „leidenschaftlich, mitreißend" eher positiv.

„Schreiten wie eine Grazie"

etwas zu aufrecht gehen

Auch die Grazien sind weitaus bekannter als ihre griechischen Schwestern – wer kennt noch die Chariten? In der römischen Mythologie sind die Töchter des Bacchus und der Venus nach „gratia", dem lateinischen Wort für Anmut, Liebreiz und Frohsinn benannt und heißen Euphrosyne, Aglaia und Thalia, die letztere namensgleich mit der Muse des Lustspiels. Sie galten als Göttinnen der Anmut; selbstverständlich zeichnete sie besondere Schönheit aus, was ein Grund war, warum sie häufig zu dritt Gegenstand der Bildhauerei waren. Hier wurden sie in der Regel unbekleidet dargestellt, wie sie sich gegenseitig umarmen. Die beiden von diesem Dreigestirn abgeleiteten Adjektive „grazil" und „graziös" meinen nicht dasselbe. Während eine grazile Frau schlank, zierlich und anmutig ist, ist eine graziöse zwar attraktiv, aber einen Tick überspannt, weshalb man heute unter dem Begriff Grazien auch meist etwas augenzwinkernd schlanke, übertrieben aufrecht schreitende junge Damen versteht, die sich ihrer Reize etwas zu sehr bewusst sind.

„Das ist ja genial!"

eine begnadete Leistung

Viele Menschen, auch solche, die nicht in die Kirche gehen, glauben fest an den Schutzengel, was sich auch darin manifestiert, dass sie unter anderem bei Nebel in hohem Tempo über die Autobahn rasen – der Schutzengel wird es schon richten. Der heidnische Vorgänger dieses Aufpassers war der Genius, in der römischen Religion der persönliche Schutzgeist eines Mannes, seiner Persönlichkeit und seiner Männlichkeit. Ihm wurde geopfert in der Hoffnung auf Beistand in schwierigen Situationen. Im Gegensatz zum christlichen Engel stellte man sich den Genius bärtig, mit freiem Oberkörper, Füllhorn und einer Opferschale vor; erst später erhielt er die Gestalt eines geflügelten Knaben. Auch Orte konnten einen Schutzgeist haben, den so genannten und bis heute bekannten „genius loci". In der Literaturepoche des „Sturm und Drang" im 18. Jahrhundert bildete sich aus dem „Genius" der Begriff „Genie". Man bezeichnete damit hochgradig begabte, gewissermaßen von ihrem Genius besonders geförderte, eben geniale Menschen.

„Das ist eine Fama“

Das ist ein Gerücht.

In der römischen Mythologie gab es für so ziemlich alles zwischen Himmel und Erde – und auch darunter – eine zuständige Gottheit, selbst für nicht körperlich fassbare Dinge. So war Fama die Göttin des Gerüchts. Es hieß, sie sei zu Beginn klein und unscheinbar, von eigentümlicher Gestalt mit vielen neugierigen Augen, lauschenden Ohren, geschwätzigen Mündern und natürlich Flügeln; im Flug werde sie immer größer und größer. Später verkörperte Fama auch den Ruhm, als dessen passendes Attribut sie eine Art Fanfare erhielt. Zwei Adjektive gehören in dieselbe Wortfamilie. Aus dem lateinischen „infamis“ (berüchtigt, verrufen) entstand unser „infam“ im Sinne von „hinterhältig, unverschämt“, während „famos“ im Sinne von „großartig, prächtig, vorbildlich“ in der Studentensprache des 19. Jahrhunderts aus dem lateinischen Adjektiv „famosus“ gebildet wurde, was eigentlich ganz neutral „viel besprochen“ bedeutet.

„Das ist psychisch bedingt“

Das hat seelische Ursachen.

Die sich heute – sehr vereinfachend gesagt – um die Seele kümmernde Psychologie führt ihren Namen zurück auf das altgriechische Wort für „Atem, Hauch“, mit dem damals auch das Wesentliche eines Menschen gemeint war. Eine mythische Figur dieses Namens spielte in der römischen Literatur, diesmal übrigens ohne originale griechische Vorlage, eine Rolle. Der römische Autor Apuleius erzählt die Geschichte von der Königstochter Psyche, deren überirdische Schönheit sogar die der Venus überstrahlt, so dass ihr selbst der Liebesgott Amor nicht widerstehen kann. Nach einigen für Liebesgeschichten charakteristischen Verwicklungen versetzt Venus Psyche in einen Todesschlaf, aus dem sie nur Amor retten kann. Dieser beantragt bei Göttervater Jupiter die Erlaubnis, dass Gott und Sterbliche heiraten dürfen, zumal die Schöne von ihm bereits schwanger ist. Jupiter hat ein Einsehen und erhebt Psyche sogar zu den Unsterblichen. Das Kind der beiden, selbstverständlich ebenfalls wunderschön, erhält den aussagekräftigen Namen Voluptas, was soviel bedeutet wie Wollust.

„Eine Herkulestat vollbringen“

sich übermenschlich anstrengen

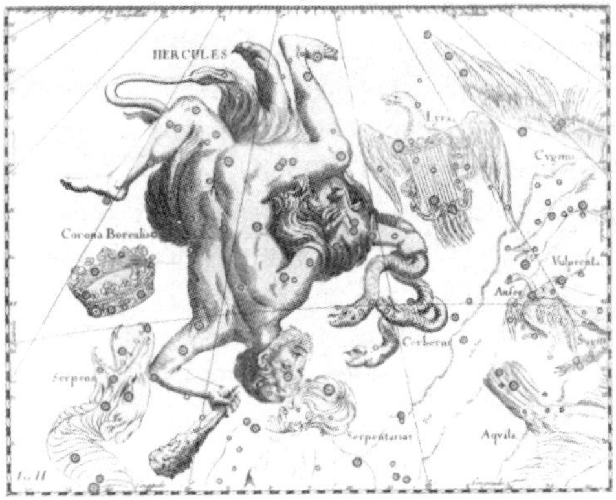

Wer eine besonders schwierige Aufgabe bewältigte, kann zu Recht sagen, dass er eine Herkulestat vollbracht hat. Diese Redewendung geht zurück auf zwölf schier unlösbare Arbeiten, die der griechische Halbgott Herakles, der in der römischen Sage den Namen Herkules trug, erledigen musste. Seine Feindin, die Göttin Hera, bei den Römern Juno genannt, hatte seinen Geist umnachtet; im Zustand des Wahnsinns erschlug er seine Frau und seine Söhne. Dafür bekam er vom König Eurystheus, seinem Cousin, zwölf Bußen auferlegt. Er musste Löwen und neunköpfige Schlangen töten, wilde Hirschkühe und Eber fangen, Rinderställe ausmisten, gefährliche Vögel ausrotten, Stiere und menschenfressende Rosse zähmen, Amazonenwaffen und Rinderherden rauben, goldene Äpfel und den Zerberus aus der Unterwelt holen. Die Römer waren wegen seiner übermenschlichen Stärke große Verehrer des Halbgottes. Es verwundert nicht, dass Herkules mit seinem äußerst athletischen Körperbau in der Antike, aber auch noch in späteren Epochen häufig ein Liebling der Bildhauer oder Maler war – und heute der Bodybuilder. Einen besonders muskulösen Typ nennen wir bis heute „herkulisch“.

„Wie Herkules am Scheidewege“

vor einer schwierigen Grundsatzentscheidung stehend

Herkules war Protagonist eines in der Antike populären Gleichnissses. Danach traf der junge Halbgott an einer Weggabel zwei sehr unterschiedliche Frauen. Die eine trug kostbare Kleider und war aufwändig herausgeputzt, die andere war schlicht und bescheiden. Die Stolze lockte ihn damit, dass auf ihrem Weg ein Leben voller Genuss, Reichtum und Glückseligkeit vor ihm liege. Die andere Frau aber, die die Tugend verkörperte, wies ihn darauf hin, dass er auf ihrem Weg viel Leid erdulden, dafür aber auch den Lohn ernten werde: Achtung und Verehrung, ja Liebe der Menschen und Götter. Herkules entschied sich natürlich, dem Pfad der Tugend zu folgen. Im Mittelalter, der Zeit der ritterlichen Ideale, galt Herkules als Vorbild für tugendhaftes Verhalten und Kriegertum. Vor allem das Motiv des Helden am Scheidewege war noch bis in die Zeit des Barock sehr beliebt.

„Das ist das Nonplusultra“

Es gibt nichts Besseres.

Vielen Menschen ist nicht bewusst, dass Herkules gar kein Römer war. Tatsächlich hieß er Alkaeos und war ein Sohn des Zeus und der Alkmene, einer Sterblichen, was dem Knaben die Feindschaft der eifersüchtigen Zeusgattin Hera einbrachte. Wegen der ständigen Auseinandersetzung mit ihr wurde er schließlich Herakles genannt, „der, der sich durch Hera Ruhm erwarb“. Als er am äußersten Ende der damals bekannten Welt die nach ihm benannten Säulen des Herakles erreichte, die Meerenge von Gibraltar, soll er angesichts der dahinter befindlichen Wasserwüste die Warnung „Nicht darüber hinaus“ auf Griechisch dort an den Felsen geschrieben haben. Die lateinische Version „Non plus ultra“ hat sich deshalb erhalten, weil der römische Herkules wegen der kulturellen Vormachtstellung der Römer in Europa weitaus populärer wurde als sein griechischer Zwilling. Die lateinische Floskel wird in der deutschen Umgangssprache immer noch verwendet, um etwas Unübertreffliches zu bezeichnen.

„Die Schiffe hinter sich verbrennen“

sich den Rückweg bewusst selbst verbauen

In lateinischen Quellen ist der Satz zu finden: „Pons a tergo abruptus est – Die Brücke ist hinter dem Rücken abgebrochen worden“, womit ein Kommandeur offenbar seine Soldaten dadurch motivieren wollte, dass es keinen Weg zurück gab, sondern nur den siegreichen Vormarsch – oder den Untergang. Der griechische Schriftsteller Plutarch lobt in seinem Werk „Über die Tugenden der Frauen“ die Trojanerinnen, die eine ähnliche Taktik verfolgt haben sollen. Nach der Zerstörung Trojas auf der Flucht, wurden sie zusammen mit ihren überlebenden Männern nach diversen, von Vergil in seiner „Aeneis“ geschilderten Irrfahrten nach Italien verschlagen; der Dichter lieferte mit seinem, in der Tradition Homers geschriebenen Epos einen wichtigen Beitrag zum Gründungsmythos Roms. Weil die Frauen, des heimatlosen Umherziehens müde, auf Anregung der Göttin Juno ihre Schiffe in Brand setzten, war den Flüchtlingen die Weiterfahrt verwehrt und sie mussten versuchen, an Ort und Stelle sesshaft zu werden – erfolgreich, wie wir wissen: Sie waren die mythischen Vorfahren der Römer.

„Sie sind wie Castor und Pollux"

Es handelt sich um unzertrennliche Freunde.

Castor und Pollux waren eigentlich nicht römische, sondern griechische Sagengestalten und hießen Kastoras und Polydeukes; es sind aber ihre latinisierten Namen bekannt geblieben. Obwohl sie zwei verschiedene Väter hatten, galten sie als Zwillinge, denn sie waren in einer Nacht von ihrer Mutter Leda empfangen worden. Das lässt auf lockere Sitten schließen, aber der eine Vater war Zeus, der bekanntlich Leda in Gestalt eines Schwans verführte, und der andere Vater war der wohl ahnungslose Ehemann der Leda. Die so genannten Dioskuren (Gottessöhne) waren absolut unzertrennlich, was zu der Redensart geführt hat. Als der sterbliche Bruder Castor in einem Streit erschlagen wurde, war der wegen seiner göttlichen Gene unsterbliche Pollux untröstlich. Sein gerührter Vater Zeus gewährte ihm die Gnade, mit Castor jeweils einen Tag im Hades und einen Tag im Olymp zu verbringen, mit der Bedingung, dabei zu altern und schließlich auch zu sterben. Der Transportbehälter für radioaktives Material namens Castor hat mit dem antiken Zwilling überhaupt nichts zu tun, sondern beruht auf der etwas bemüht gebildeten Abkürzung für „cask for storage and transport of radioactive material".

„Da wacht ein Cerberus"

Eine unfreundliche Wache versperrt den Weg.

Wachhunde sind gewöhnlich dazu da, niemanden herein zu lassen. Bei diesem berühmten Köter war das anders: er ließ jeden herein, aber niemanden wieder hinaus – aus der Unterwelt. Trotzdem hat sich die Redensart vom Cerberus als einer grimmigen Wache entwickelt, die zum Beispiel in Vorzimmern von wichtigen Leuten den Zugang versperrt. Der griechische Original-Höllenhund hieß Kerberos, die Römer übernahmen ihn als Cerberus, die Deutschen machten daraus ihren Zerberus. Diese spezielle Hunderasse – Hunde galten im antiken Hellas als unreine Tiere – war sehr groß und dreiköpfig, mit einer Schlange als Schwanz. Nur zwei Mal gelang es jemandem, an diesem Monster unbeschadet vorbei zu kommen. Der legendäre Sänger Orpheus machte ihn mit seinem Gesang brav wie ein Schoßhündchen, während Herakles, dessen Aufgabe es war, ihn aus der Unterwelt zu holen, ihn in einem gigantischen Ringkampf überwältigte.

„Die Tartaren kommen!"

Eroberer aus der Hölle

Die Europäer haben schon immer fremden, von ihnen „kolonisierten" Völkern Namen gegeben, die oft auf einem Missverständnis beruhten. Bestes Beispiel sind die so genannten „Indianer", die natürlich mit Indien überhaupt nichts zu tun haben, sondern von den Spaniern so genannt wurden, die glaubten, den westlichen Seeweg nach Indien gefunden zu haben. Auch die Tataren, die früher sogar „Tartaren" genannt wurden, haben ihren Namen vom Westen. Als nämlich immer wieder Völker aus dem Orient – es handelte sich meist um Hunnen, später um die Mongolen des Dschingis Khan – das Römische Reich bedrohten, wurden diese zuerst von den Römern, dann bis ins Mittelalter hinein als Tartaren bezeichnet; Angst und Schrecken verbreitend, schienen sie direkt aus der Hölle zu kommen. Dieser mythische Ort, bei den Griechen Tartaros genannt, war in der Spätantike die unterste Unterwelt, wo Menschen wie Sisyphos und Tantalos, die sich gegen göttliche Gesetze vergangen hatten, zu ewigen Qualen verurteilt waren. Deshalb war „Tartarus" ein Synonym für „Abgrund". Heute nennt sich ein Turkvolk, das vor allem in der russischen Republik Tatarstan lebt, offiziell „Tataren". Ob sie sich der fatalen Etymologie des Wortes bewusst sind?

„Jemanden in den Orkus stoßen"

der Hoffnungslosigkeit überlassen

Pluto und Proserpina

Für den Gott, der bei den Griechen Hades hieß und mit Persephone, römisch Proserpina, die Unterwelt regierte, kommen in der römischen Mythologie mehrere Namen in Frage. Pluto war einer von ihnen, ein anderer Orcus. Als Orcus war er der Strafende, der diejenigen Verstorbenen, die das Christentum später Sünder nennen würde, in der Unterwelt folterte. In der griechischen Sagenwelt war die synonyme Verwendung des griechischen Götternamens Hades auch für seinen Zuständigkeitsbereich, das Totenreich, üblich. Analog hat sich im Deutschen aus dem Namen Orkus die Bezeichnung für die Unterwelt allgemein entwickelt; als Orkus gilt demnach der Abgrund, die Hölle, aus der es keine Rückkehr gibt. Wenn man davon spricht, dass man jemanden in den Orkus stoßen werde, meint man, dass ihm die völlige Vernichtung seiner Existenz drohe, ein hoffnungsloser Absturz.

Kapitel 3

Von Marathon bis Spree-Athen

Redewendungen und Begriffe aus der griechischen Geschichte

„Eine drakonische Strafe verhängen“

übertrieben hart bestrafen

Wenn von „drakonischen Strafen“ die Rede ist, haben in der griechischen Geschichte Unbewanderte womöglich die Assoziation zu lat. „draco“ (Schlange, Drache), auch das griechische „drakon“ meint dasselbe. Und tatsächlich amüsierte sich sogar Aristoteles über diesen Gleichklang der Wörter. In Wirklichkeit sind die „drakonischen Strafen“ nach dem Gesetzesreformer Drakon benannt, der um das Jahr 621 v. Chr. die Gesetze Athens novellierte. Bemerkenswerterweise führte Drakon zwei bis heute wichtige Änderungen in das Strafrecht ein: Er unterschied zwischen vorsätzlicher und unbeabsichtigter Tötung; außerdem ordnete er an, Straffälle an spezialisierte Gerichtshöfe zu delegieren – überraschend modern anmutende Maßnahmen. Die drakonische Gesetzgebung war bereits im klassischen Griechenland als übertrieben grausam verrufen, was wohl auf die für viele Delikte vorgesehene Todesstrafe zurückzuführen ist. In dieser Bedeutung ist sie auch im Deutschen sprichwörtlich geworden. Aber Drakon hat die damals bereits vorhandenen Gesetze lediglich festgeschrieben, teilweise willkürliche Bestrafungen abgeschafft und auch die Blutrache erfolgreich bekämpft.

„Bin ich Krösus?“

Ich kann mir das nicht leisten.

Bin ich etwa Krösus?“ – Mit dieser Frage werden noch heute übertriebene Anfragen nach Übernahme finanzieller Zahlungen gern beantwortet. Man meint damit, dass man leider nicht in der Situation sei wie der für seinen legendären Reichtum berühmte historische König. Tatsächlich zählte Kroisos (so sein historischer Name), von etwa 555 bis 541 v. Chr. der letzte König von Lydien, zu den wohlhabendsten Fürsten seiner Zeit. Seinen sagenhaften Reichtum bezog er vor allem aus den in Kleinasien gefundenen Goldvorkommen. Obwohl sein Reichtum zum Beispiel mit dem der persischen Könige nicht annähernd vergleichbar gewesen sein dürfte, ist er wohl in die Geschichte eingegangen, weil die Lyder das Münzgeld erfunden haben sollen. Da die Münzen mit seinem Siegel aus einer Gold-Silber-Legierung bestanden und in der gesamten antiken Welt verbreitet waren, entstand bei den damit bezahlenden Völkern wohl der Eindruck großen Reichtums des Abgebildeten.

„Einen Marathon absolvieren"

sich über Gebühr lange anstrengen

Bemerkenswerterweise wird heute unter „Marathon" nicht etwa die historische, rund 40 Kilometer von Athen entfernte Ortschaft verstanden, sondern ein Lauf über die lange Distanz von 42,195 Kilometern. Wie kam es dazu? Der griechische Historiker Herodot berichtet, dass im Jahr 490 v. Chr. ein Bote in zwei Tagen von Athen nach Sparta gelaufen sei mit dem Auftrag, im Krieg gegen die Perser um Hilfe zu bitten. 500 Jahre später machte daraus Plutarch die Legende vom athenischen Läufer, der im Jahre 490 v. Chr. – nach dem Sieg in der Schlacht von Marathon – die knapp 40 Kilometer nach Athen gelaufen und dort mit den Worten „Wir haben gesiegt" tot zusammengebrochen sei. Als an historischer Stelle 1890 ein Hügel mit den Gräbern gefallener Athener freigelegt wurde, belebte man die Sage wieder und ließ den legendären Lauf im Rahmen der ersten Olympischen Spiele der Neuzeit in Athen als Wettkampf stattfinden. Heute ist ein „Marathon" beispielsweise eine die normale Dauer einer Veranstaltung überschreitende Sitzung.

„Wanderer, kommst du nach Sparta ..."

Hier ruhen sich erschöpfte Wanderer aus.

Wanderer, kommst du nach Sparta, verkündige dorten, du habest uns hier liegen gesehn, wie das Gesetz es befahl" lautet der vollständige Vers eines gewissen Simonides von Keos in einer das Versmaß übernehmenden Übersetzung. Dieser Satz, den man als sarkastische Bemerkung gegenüber der Ruhe Pflegender früher oft hörte, setzt zum Verständnis eine gewisse klassische Bildung voraus. Er entstammt nämlich einer Übersetzung, die kein Geringerer als Friedrich Schiller von einem der bekanntesten Distichen des griechischen Altertums angefertigt hat, also einem Verspaar, das aus einem Hexameter und einem Pentameter besteht. Das Gedicht soll auf dem Gedenkstein gestanden haben, der für die Spartaner errichtet wurde, die sich, 480 v. Chr. in der Schlacht bei den Thermopylen einer mehr als hundertfachen persischen Übermacht den Weg versperrend, opferten. Diese Inschrift rühmte ursprünglich den Opfertod fürs Vaterland, das Zitat wird allerdings heutzutage, die Tragik des Originalanlasses ignorierend, eher spöttisch gebraucht.

„Ein Scherbengericht abhalten“

ein umfassend vernichtendes Urteil fällen

Scherben bringen Glück, sagt das Sprichwort. Dies traf auf die vom Urteil eines Scherbengerichts betroffenen Bürger im Athen des 5. vorchristlichen Jahrhunderts nicht zu, denn hier ging es darum, unliebsame Bürger für zehn Jahre aus der Stadt zu verbannen. Über die Gründe, meist politisch einflussreichen Mitbürgern die weitere Mitwirkung am politischen Leben zu verwehren, soll hier nicht spekuliert werden; es mögen durchaus ehrenhafte, also am Bestand der athenischen Demokratie orientierte, gewesen sein; andererseits ist aber wohl auch so manche private Rechnung beglichen worden. Wie dem auch sei, das Scherbengericht war eigentlich nur eine Form der Abstimmung, wo aus Ermangelung von Papier die Stimmabgabe über gekennzeichnete Tonscherben von zerbrochenen Gefäßen, von denen es sicher genug gab, erfolgte. Immerhin mussten 6000 Stimmen gegen eine Person zusammenkommen – eine hohe Hürde. Dennoch stehen bekannte Namen auf der Liste der nach einem Scherbengericht Verbannten, unter anderem Thukydides, Stratege und herausragender antiker Historiker, aber eben auch Gegner des Perikles. Damals war das Scherbengericht ein Abstimmungsverfahren mit offenem Ausgang, heute bezeichnet man damit meist einer Verurteilung nahe kommende Aktionen, mit denen politisch Missliebige ausgeschaltet werden sollen.

„Eine Philippika halten“

leidenschaftlich gegen jemanden argumentieren

Eine leidenschaftliche Rede als „Philippika“ zu bezeichnen, gerät etwas aus der Mode. Der Begriff ist zu Zeiten der verbreiteten humanistisch-klassischen Bildung entstanden. Er wurde abgeleitet von vier Reden, in denen der griechische Staatsmann und begnadete Redner Demosthenes ab 349 v. Chr. zum Widerstand gegen König Philipp II. von Makedonien aufrief, und bedeutet soviel wie Angriffs-, Brand- oder Kampfrede. Auch in folgenden Jahren fühlten sich Politiker gedrängt, „Philippiken“ zu halten. So wetterte Cicero, einer der berühmtesten Redner der Antike und Verehrer des Demosthenes, gegen Marcus Antonius (in Deutschland meist Mark Anton genannt), dem er Streben nach Tyrannis vorwarf, und nannte diese Reden in Erinnerung an Demosthenes „Philippische Reden“.

„Den Gordischen Knoten zerschlagen"

ein schwieriges Problem unkonventionell lösen

Die Zerschlagung des Gordischen Knotens ist legendär, ob sie aber einen realen historischen Hintergrund hat, ist umstritten. Alexander der Große, der berühmte makedonische Eroberer, kam im Frühjahr 334 v. Chr. nach Gordion in Kleinasien, wo der damals schon legendäre Knoten Deichsel und Zugjoch eines königlichen Streitwagens verband, angeblich von Göttern angebracht. Ein Orakel hatte prophezeit, dass nur derjenige Asien erobern werde, der diesen Knoten lösen könne. Alexander, der bekanntlich zu handfesten Maßnahmen neigte, soll den Knoten einfach mit seinem Schwert durchschlagen haben. Gegen den Wahrheitsgehalt der Geschichte spricht, dass Alexander dafür bekannt war, dass er religiöse Riten zeitlebens streng achtete; das Zerstören eines göttlichen Knotens wäre für ihn sehr untypisch gewesen. Alexander eroberte tatsächlich große Teile – des damals bekannten – Asiens, starb aber kaum zehn Jahre später erst 33-jährig, wahrscheinlich an einer Mischung aus Kriegsverletzungen und übermäßigem Weinkonsum.

Alexander

„Geh mir aus der Sonne!"

Stör mich nicht in meiner Ruhe!

Der griechische Philosoph Diogenes lebte im 4. vorchristlichen Jahrhundert in Athen und Korinth. Er wird als einer der Begründer des so genannten Kynismus angesehen, einer Philosophie, die sich durch eine eher skeptische Einstellung gegenüber ethischen Normen und ein Streben nach Bedürfnislosigkeit auszeichnete. Der berühmte Diogenes selbst hat kaum verlässliche Spuren hinterlassen; umso mehr Anekdoten sind über seine Lebensweise und seine Lehre, was auf das Gleiche hinausläuft, überliefert. Legendär ist die Geschichte, dass er in einem Fass genächtigt habe, weil er zum Schlafen keine Wohnung brauche. Der Schriftsteller Plutarch hat die bekannte, aber wohl erfundene Geschichte überliefert, dass Alexander der Große zu dem damals schon berühmten Diogenes gekommen sei und ihm, wohl um seine Aufrichtigkeit zu prüfen, die Erfüllung eines Wunsches zugesagt habe, was immer es auch sei. Diogenes soll geantwortet haben: „Geh mir ein wenig aus der Sonne". Cool, aber leider nie passiert, denn als Alexander nach Korinth kam, weilte Diogenes in Athen ...

„Die Sieben Weisen“

Gremium von Sachverständigen

Nur noch auf einem Gebiet sind – neben den Weisen aus dem Morgenland im Krippenspiel – Weise gefragt: in der Wirtschaft. Die exakte Bezeichnung der fünf Wirtschaftsweisen lautet „Sachverständigenrat zur Begutachtung der gesamtwirtschaftlichen Entwicklung“. Hergeleitet ist die Kurzform von einer Gruppe von Persönlichkeiten des 7. und 6. Jahrhunderts v. Chr. Platon nennt als Mitglieder des Zirkels der damals „Sieben Weisen“ Thales, Pittakos, Bias, Solon, Kleobulos, Myson und Chilon. Sie waren meist keine Philosophen, sondern angesehene Staatsmänner. Ihre Weisheitssprüche hatten vor allem das Maßhalten zum Thema: „Nichts im Übermaß!“ (Solon); „Erkenne den rechten Zeitpunkt!“ (Pittakos); „Maßhalten ist das Beste!“ (Kleobulos). Und auch in der heute so modischen Selbsterfahrung war Chilon Vorreiter: „Erkenne dich selbst!“ Ob tatsächlich der Rat der so genannten Wirtschaftsweisen gehört wird, darf angesichts der Lage der Weltwirtschaft allerdings lebhaft bezweifelt werden. Kein Wunder, ist doch hier die „heilige“ Zahl Sieben auf Fünf reduziert worden ...

„Das ist ja logisch!“

Das hätte ich mir denken können!

Griechischlehrern graust es, wenn ihre Schüler ganz selbstverständlich das Wort „logisch“ aussprechen. Leider hat sich die Aussprache mit langem o so eingebürgert, dass die richtige fremd, ja falsch klingt. Das Wort „logisch“ ist jedoch abgeleitet vom altgriechischen „logos“ (Wort, Gedanke), das mit Omikron, also kurzem o, geschrieben wird. Der ursprüngliche Begriff wurde wohl bereits im 4. Jahrhundert v. Chr. von Zenon, dem Begründer der Stoa, geprägt. Die daraus abgeleitete Logik ist ursprünglich die Lehre vom vernünftigen Schlussfolgern und Argumentieren. Die Logik als wissenschaftliche Disziplin ist in der Philosophie, aber auch in der Mathematik und Informatik unverzichtbar. In der Umgangssprache werden Sachverhalte oder Argumente als „logisch“ bezeichnet, wenn sie schlüssig, stichhaltig, einleuchtend sind und Rückschlüsse auf das Denkvermögen ihres Anwenders zulassen. Neuerdings gibt es verschiedene Arten der Logik, die sich zum Teil widersprechen: „Frauenlogik“ und „Männerlogik“.

„Stoische Ruhe“

unbeeindruckbare Gelassenheit

Heute versteht man unter stoischer Ruhe einen extrem gelassenen, fast unbeteiligten Umgang selbst mit Schicksalsschlägen; der Begriff ist sogar fast negativ behaftet, weil er eine Übersteigerung des Nicht-aus-der-Ruhe-Bringens und einen zur Passivität neigenden Fatalismus beinhaltet. Die „stoische Ruhe“ geht aber zurück auf eines der einflussreichsten und langlebigsten philosophischen Lehrgebäude der Antike. War der Name zunächst abgeleitet von einer Säulenhalle auf der Agora, dem Marktplatz von Athen, dem zentralen Fest- und Versammlungsplatz, so bildete sich dort um 300 v. Chr. eine Denkschule, die ein universelles Prinzip in allen Naturerscheinungen und natürlichen Zusammenhängen sah. Die Stoiker strebten an, ihren Platz in diesem Universum zu erkennen und mit völliger Leidenschaftslosigkeit zu akzeptieren. Einer der bekanntesten Stoiker war der römische Philosoph Seneca, der selbst einer von Kaiser Nero an ihn gerichteten Aufforderung zum Selbstmord mit „stoischer Ruhe“ nachkam, obwohl er gar nicht an der von Nero aufgedeckten Verschwörung beteiligt gewesen war.

„Das ist ja zynisch!“

eine bissige Bemerkung

Aggressiver Humor hat verschiedene Stufen. Sarkasmus zum Beispiel, mit dem Zynismus manchmal verwechselt wird, nutzt Spott und schwarze Pointen, um einen anderen Menschen zu verletzen. Zynismus dagegen entspringt aus einer pessimistischen Grundeinstellung, die der Welt als Ganzes Werte abspricht und sich darüber lustig macht, wenn andere Menschen so etwas haben. Ursprünglich bezeichnete der Begriff die Lebensanschauung und -weise der Kyniker, einer griechischen Philosophen-Schule, deren bekanntester Vertreter Diogenes von Sinope war, der im 5. Jahrhundert v. Chr. lebte. Die Kyniker waren schon damals skeptisch, was die ethischen Grundregeln angeht, und strebten demzufolge nach Bedürfnislosigkeit und Natürlichkeit. Ihren Namen hatten sie aufgrund der Bissigkeit, mit der sie allgemeine Werte und Normen in Frage stellten, denn das altgriechische Wort für Hund lautet „kyon“.

Diogenes

„Sophistisch argumentieren“

spitzfindig diskutieren

Wenn ein Diskussionsgegner es schafft, ohne tatsächlich im Besitz der besseren Argumente zu sein, die Diskussion in seinem Sinne zu beeinflussen, spricht man gern von „Sophisterei“ – man fühlt sich übervorteilt, bis hin zum Vorwurf von Wortverdrehungen. Ihren Ursprung hat diese Bezeichnung in einer antiken philosophischen Richtung, die eine Erkenntnis ihres bekanntesten Mitglieds Protagoras in den Mittelpunkt ihrer Weltsicht stellte: „Der Mensch ist das Maß aller Dinge“. Diese Gelehrten und Philosophen, deren Bezeichnung vom griechischen Wort für „weise“ abgeleitet wird, waren so geschickt in der Kunst der Rhetorik, dass sie in der Lage waren, einen Disput aus der schwächeren Position heraus zu gewinnen. Dies warf ihnen besonders Sokrates vor, dessen Schüler Platon in seinen „Sokratischen Dialogen“ das negative Image des Begriffs „sophistisch“ festigte. Bis heute werden rhetorische Figuren, die zu Fehlschlüssen verleiten sollen, als Sophismen bezeichnet.

„Sich platonisch lieben“

ohne erotische Ambitionen Zuneigung empfinden

Gemeinhin versteht man heute unter „platonischer“ Liebe eine emotionale Beziehung zwischen Mann und Frau, die keine erotische oder gar sexuelle Dimension hat; dabei schwingt ein gewisser mitleidiger Unterton mit. Diese Bedeutung entspricht keineswegs der ursprünglichen, und das in mehrfacher Hinsicht. Der Terminus geht nämlich zurück auf den griechischen Philosophen Platon (428 bis 348 v. Chr.), der die Liebe auf geistiger Ebene als die höchste Stufe der Zuneigung bezeichnete, durchaus im Gegensatz zur körperlichen. Nach Platon ist diese die niedrigste Qualität, übertroffen von der Liebe zu schönen und guten Lebenseinstellungen, der Liebe zur Wissenschaft und schließlich der geistigen Liebe, die dem Streben nach ideellen Werten wie Schönheit, Wahrheit und schließlich Göttlichkeit entspringt. Auch die Philosophie (griech. „Liebe zur Weisheit“) gehört nach Platon zu dieser Kategorie. Er gesteht zu, dass die höchste Stufe nur sehr wenige Menschen erreichen. Da ist es ein Glück, dass die von Platon beschriebene seelische Verbundenheit und innige Freundschaft eine erotisch motivierte Liebe nicht ausschließen muss ...

„Mit einer Xanthippe verheiratet sein“

eine zänkische Ehefrau haben

Aus der Antike sind uns viele Frauennamen überliefert, auf die Mädchen bis heute getauft werden: Irene, Diana, Penelope. Kaum ein Name aber ist so negativ besetzt wie der der Ehefrau des Philosophen Sokrates. Vor allem Xenophon berichtet, dass es sich bei Xanthippe um ein besonders zänkisches Weib gehandelt haben soll, deren Boshaftigkeit ihr Mann nur mit philosophischer Gelassenheit ertragen habe. Mal abgesehen von der Tatsache, dass die beiden immerhin drei Söhne zusammen hatten, ist in der neueren Forschung versucht worden, den „klassischen“ Charakter dieser Frau zu hinterfragen. Vor allem in der feministisch angehauchten Forschung wurde ihr Verhalten damit erklärt, dass auch Sokrates nicht gerade der liebevolle und fürsorgliche Ehemann gewesen sein wird, sondern seine Familie zugunsten der Philosophie vernachlässigt haben könnte, was die schlechte Laune seiner Frau möglicherweise verursacht habe. Aber auch alles Verständnis wird es nicht schaffen, den Namen Xanthippe jemals von seinem Image zu befreien.

„Den Schierlingsbecher reichen“

zum Tode verurteilen

Es gibt viele Arten, einen Menschen vom Leben zum Tode zu befördern. Auch die vom Gericht verordnete Todesstrafe wird in unterschiedlichen Ländern unterschiedlich ausgeführt. Im klassischen Altertum war, neben Steinigung, Kreuzigung, Erwürgen und Enthaupten, das Gift eine verbreitete Hinrichtungsart. Dafür wurde meist eine besonders giftige Art der Doldenblütler, der Gefleckte Schierling (Conium maculatum), verwendet, aus dessen Früchten oder Wurzeln das Gift gewonnen wurde. Dessen Wirkstoff führt zu einer Lähmung des Rückenmarks, die schließlich den Erstickungstod nach sich zieht. Da Giftopfer nicht körperlich entstellt werden, sollen die für ihr ästhetisches Empfinden bekannten Griechen diese Hinrichtungsart gewählt haben. Der Begriff „Schierlingsbecher“ wird meist mit der Hinrichtung des Sokrates 399 v. Chr. in Verbindung gebracht. Sokrates, der wegen vorgeblicher Gotteslästerung angeklagt worden war, nahm den Giftbecher gefasst und ohne Widerstand entgegen.

„Orakeln"

rätselhafte Andeutungen machen

Immer schon hätte der Mensch gern gewusst, was die Zukunft bringt, und wenn es nur darum ging, die Lottozahlen schon vor der Ziehung zu kennen. In der Antike waren Orakel Versuche, die Zukunft mithilfe von meist Frauen zu entschleiern, die in der Lage schienen, die Zeichen zu deuten, die für eine Offenbarung aus dem Jenseits gehalten werden konnten. Charakteristisch war, dass diese Vorhersagen meist rätselhaft waren, denn die Priesterinnen zogen sich oft durch doppeldeutige Auskünfte aus der Affäre. Berühmt wurde die Antwort auf die Anfrage des Kroisos nach seinen Aussichten für einen Sieg gegen die Perser. Der Spruch lautete, er werde ein großes Reich zerstören – er verlor und zerstörte damit sein eigenes. Nicht verwechselt werden darf das Orakel mit dem Hellsehen oder mit der Prophezeiung, ein Orakel (lat. „Götterspruch") befragt vielmehr stets eine göttliche Instanz. Es ist üblich geworden, mit diesem Begriff auch Orakelstätten wie Delphi, das als Geburtsort Apollons, des Gottes der Weissagung, galt, zu bezeichnen. Die Römer entwickelten später sogar einen Staatskult, um aus Zeichen in der Natur wie dem Vogelflug oder der Beschaffenheit von Tiereingeweiden die Zukunft zu erkennen.

„Sich sibyllinisch ausdrücken"

eine endgültige Meinung zurückhalten

In der Antike gab es mehrere Methoden, der Zukunft ihr Geheimnis zu entreißen. Die bekannteste waren die Orakel, von denen es neben dem berühmten in Delphi noch weitere gab. Auch Seher wie der legendäre blinde Teiresias und weibliche „Sibyllen" versuchten, die Zukunft zu deuten. Während die Pythia in Delphi ihre kryptischen Sprüche in Trance murmelte, die durch einer Erdspalte entströmendes Gas hervorgerufen wurde, gab eine Sibylle in Ekstase Auskunft. Während man ein Orakel selbst aufsuchen musste, gaben Sibyllen ihre Weissagungen meist unaufgefordert an ihre Zeitgenossen, darin den Propheten des Alten Testaments nicht unähnlich. Im antiken Griechenland gab es möglicherweise mehrere dieser Frauen, weshalb „Sibylle" zu einer neutralen Bezeichnung für eine weibliche Prophetin wurde. Wenn sich heute jemand sibyllinisch ausdrückt, versucht er, einerseits geheimnisvoll, andererseits rätselhaft zu sein.

„Eine Orgie feiern"

in jeder Beziehung über die Stränge schlagen

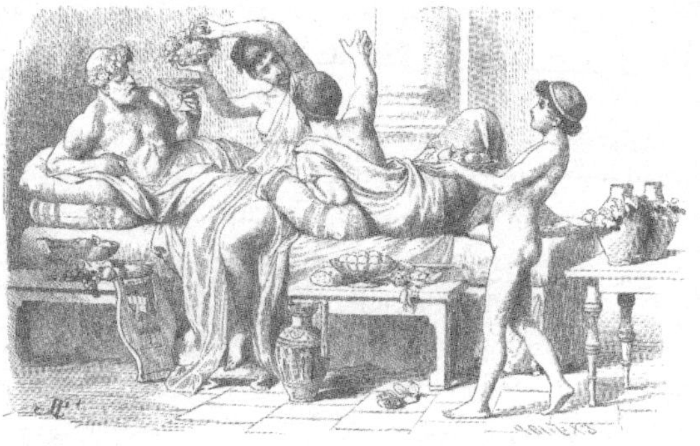

Unter einer Orgie stellt man sich meist exzessive Handlungen gegen die guten Sitten vor, wobei in der Regel der sexuelle Aspekt im Vordergrund steht, möglichst noch unter Hinzuziehung erheblicher Mengen von Alkoholika. Die arme Orgie ist damit auf ihrer eigenen Schlüpfrigkeit ausgerutscht und unverdient tief gesunken. Denn ursprünglich bezeichnete das griechische Wort die geheimen Riten beim Dionysos-Kult, später bei anderen antiken Mysterien. Die deutsche Sprache übernahm den Begriff als Lehnwort bereits im 17. Jahrhundert, noch ohne zweifelhaften Beigeschmack. Er wurde auf geheime Riten der Griechen und Römer und später auf nächtliche kultische Geheimtreffen allgemein angewendet. Später wurde die ursprünglich religiöse Bedeutung durch die heute noch gebräuchliche abgelöst, vielleicht weil man sich geheime Riten ohne sexuelle Komponenten nicht vorstellen konnte. In der heutigen Zeit, in der sprachlich oft maßlos übertrieben wird, kommen auch für andere, das gewöhnliche Maß übersteigende Ereignisse Begriffe wie „Fressorgie", „Orgie der Gewalt" oder „Orgie der Farben" in Gebrauch.

„Ein Parasit sein"

auf Kosten anderer leben

Parasiten haben heutzutage ein schlechtes Image. Sie gelten, ähnlich wie die gleichbedeutenden Schmarotzer, als Wesen, die selbst nicht zu ihrem Lebensunterhalt beitragen, sondern anderen auf der Tasche liegen. Ursprünglich aber wurde „parasitos" ein Apollon-Priester genannt, der auf das Opfergetreide aufpassen musste und als Gegenleistung einen Teil des Korns behalten konnte. Bereits in der griechischen Komödiendichtung ab dem 4. vorchristlichen Jahrhundert wurde der Parasit als eines der Fächer, also der Rollentypen des Schauspiels, aber schon negativ besetzt. Als Müßiggänger, der bei anderen Leuten schnorrt, lebte er in der italienischen Commedia dell' arte weiter. Im Deutschen wurde der „Parasit" auf dem Umweg über das Französische eingeführt, wo er im Lustspiel ebenfalls auf Kosten anderer lebt.

„Sich für den Nabel der Welt halten"

sehr eingebildet, egozentrisch sein

Mehrere Orte in Deutschland nehmen für sich in Anspruch, der Mittelpunkt unseres Landes zu sein. Da Deutschlands Grenzen keinen Kreis beschreiben, ist es schwierig, das Zentrum dieser ausgezackten Fläche zu finden. Obwohl es außer einer gewissen Prominenz nichts dafür gibt, Mittelpunkt zu sein, scheint dieses Spielchen schon uralte Wurzeln zu haben. Denn bereits die alten Griechen machten sich Gedanken darum, wo der Mittelpunkt der Welt sein könnte. Da sie sich die Erde als runde Scheibe vorstellten, war ein solcher Gedanke damals relativ nahe liegend. Sie nannten den schließlich definierten Ort, den Apollon-Tempel in Delphi, poetisch „Nabel der Welt". Hier wurde ein eher phallisch als nabelförmig aussehender Stein verehrt, der an der Stelle lag, wo sich der Sage nach zwei Adler getroffen hatten, die Zeus vom äußersten Westen und Osten aus auf die Reise geschickt hatte. Die Römer verlegten selbstverständlich später den Nabel der Welt nach Rom – wohin sonst! – und markierten ihn auf dem Forum Romanum ebenfalls durch einen Stein.

„Den Eid des Hippokrates schwören"

einen ärztlichen Schwur leisten

Der „Eid des Hippokrates" ist eine weit verbreitete, aber unhaltbare Legende, denn die Ansicht, dass Ärzte diesen Eid ablegen müssen, ist falsch. Und nicht nur das: Auch die Urheberschaft eines Mannes namens Hippokrates ist von keiner Quelle belegt. Trotzdem gilt der griechische Arzt Hippokrates von Kos (460 – 370 v. Chr.) als Verfasser dieser grundlegenden Formulierung einer ärztlichen Ethik. Sie enthält Elemente, die auch heute noch anerkannt sind; das wichtigste ist sicherlich das Gebot, Kranken nicht zu schaden, und die ärztliche Schweigepflicht. Dagegen wird das Verbot von Schwangerschaftsabbrüchen und aktiver Sterbehilfe heute bekanntlich heftig diskutiert oder gar ignoriert. Die Ablegung des Eides in seiner klassischen Form wird heute von Ärzten nicht mehr verlangt und hätte auch bei eventuellen juristischen Konsequenzen keine Bedeutung. Heute gehört das Verlesen des „Eides des Hippokrates" dagegen wieder zu den eher theatralischen Bestandteilen von feierlichen Promotionszeremonien vieler Hochschulen, wenn auch nicht in Deutschland.

„In Spree-Athen wohnen"

Einwohner von Berlin sein

Die deutsche Hauptstadt leidet bekanntlich unter dem Minderwertigkeitskomplex, nicht in der ersten Liga der Weltstädte zu spielen. Wenn New York, Rio, Tokio genannt werden, halten als europäische Metropolen höchstens Paris und natürlich London mit. Der verkrampfte Versuch Berlins, ständig „Weltstadt-Niveau" zu betonen, spricht für sich. Das war früher anders. Spätestens seit der Gründung der Universität 1809 wurde die Stadt zu einem internationalen Zentrum von Wissenschaft und Kultur, und die klassizistischen Bauten Schinkels erinnern an Athen. Schon 1706 hatte ein gewisser Erdmann Wircker das Attribut „Spree-Athen" geprägt, und zwar in einer Festschrift, in der er König Friedrich I. dafür pries, dass er „ein Spree-Athen gebauet" habe, wo „die Weisheit erst in rechter Pracht geschauet" werde. Um 1900 galt Berlin dann als eine der fortschrittlichsten und kulturell wichtigsten Metropolen der Welt – für eine Stadt, die eigentlich erst seit 1800 aus dem Schatten anderer Reichsstädte wie vor allem Wien herausgetreten war, eine großartige Wandlung. Der Ruf Athens als antike Welthauptstadt des Geistes wurde im Zeitalter des klassischen Bildungsideals gern auch auf andere Universitätsstädte übertragen, allerdings konnten sich „Lahn-Athen" für Gießen oder gar „Ryck-Athen" für Greifswald nicht halten. In Berlin gehört der scheinbar anmaßende Beiname bis heute zum Lokalpatriotismus und wird immer mal wieder, allerdings oft mit leicht ironischem Unterton, verwendet.

„An einem Symposion teilnehmen"

eine Diskussionsveranstaltung besuchen

Ein Symposion war ursprünglich ein Trinkgelage mit Tanz und Musik; zur Zeit Platons handelte es sich um ein Gastmahl, in dessen Verlauf durchaus Reden gehalten wurden, allerdings damals in erster Linie mit einschlägigen Themen des Genusses und der zwischenmenschlichen Beziehungen gewidmeten Inhalten. Erst im 19. Jahrhundert hat es einen Bedeutungswandel gegeben. Seitdem dürfen durchaus nüchterne Diskussionsveranstaltungen, in deren Verlauf Flüssigkeiten nur in Form von Wasser und Kaffee gereicht werden, diesen eigentlich in eine andere Richtung weisenden Titel führen.

„Wie ein Deus ex machina erscheinen“

eine überraschende Wendung bewirken

Wenn jemand wie ein „deus ex machina“ auftaucht, ist es meist ein Retter in letzter Minute, mit dem keiner mehr gerechnet hat. In den antiken Dramen ging es nämlich oft um Probleme, die schicksalsschwer menschliches Handeln überforderten; da mussten Götter her, die dem menschlichen Protagonisten aus seinem Elend heraushelfen konnten. In den „Eumeniden“ des Aischylos und in der „Iphigenie“ des Euripides ist es beispielsweise die Göttin Athene, die per „deus ex machina“-Vorrichtung erscheint und ins Geschehen eingreift. Dieser „Gott aus der Maschine“ war ursprünglich, trotz des noch heute verbreiteten lateinischen Namens, in der griechischen Tragödie tatsächlich der Darsteller einer Gottheit, der mit Hilfe einer Bühnenmaschinerie auf die Bretter, die damals mehr noch als heute die Welt bedeuteten, gehievt wurde und dort den Konflikt, um den es dramaturgisch ging, löste. Wenn heutzutage Autoren ihre Geschichte mit überraschenden Mitteln in eine andere Richtung bewegen, wird dies ebenfalls als „deus ex machina“ bezeichnet und ist eher abwertend gemeint, weil Zweifel an der Fähigkeit des Autors bestehen, die Handlung logisch aufzubauen und zu Ende zu führen.

„Einen tragischen Verlauf nehmen“

verhängnisvoll enden

Wenn heute von Tragik die Rede ist, wenn jemand einen tragischen Fehler begangen hat oder wenn etwas einen tragischen Verlauf nimmt, ist damit gemeint, dass hier Schlimmes geschieht. Die wörtliche Übersetzung von „tragisch“ würde übrigens „bocksartig“ bedeuten, was uns auf den ersten Blick nicht weiterbringt. Tatsächlich aber bedeutet der Begriff „Tragödie“ wörtlich übersetzt „Bocksgesang“, weil er aus dem Dionysos-Kult entstanden ist, in dem bocksbeinige Fabelwesen, die Satyrn, eine Rolle spielten.
Im 6. Jahrhundert v. Chr. entstanden die ersten Tragödien in Athen, deren besonderes Kennzeichen die schicksalhafte Verstrickung der Hauptperson in einer ausweglosen Lage war, in der sie, obwohl schuldlos, nur schuldig werden kann. Dieser für die Tragödie charakteristische Konflikt hat dann meist den Zusammenbruch der Person zur Folge. Sophokles verfasste mit seinem „König Ödipus“ ein besonders typisches Beispiel.

„Etwas in epischer Breite erklären“

sehr ausführlich werden

Homer

Epen handeln von sagenhaften Ereignissen, bei denen oft Götter oder Helden wichtige Rollen spielen. Die klassischen Epen schlechthin sind zweifellos Homers „Ilias“ und „Odyssee“ und Vergils „Aeneis“. Aber auch das „Nibelungenlied“ und die „Göttliche Komödie“ sind Dichtungen, die die Bezeichnung „episch“ verdient haben. Damit ist aber nicht etwa ein Qualitätsurteil verbunden, gemeint ist lediglich, dass es sich um ein dichterisches Werk größeren, ja immensen Ausmaßes handelt. Der Ursprung des Wortes Epos liegt im Altgriechischen; es bedeutete ursprünglich „Wort“ oder „Vers“, später auch „Erzählung“ und bezeichnete die, neben Drama und Lyrik, dritte Hauptform der antiken Dichtung. Auch heute wird erzählende Dichtung unter dem Begriff Epik zusammengefasst. In der Umgangssprache allerdings hat die „epische Breite“ einen eher negativen Sinn bekommen. Man kritisiert zum Beispiel damit, dass Berichte länger gedauert haben als notwendig, weil sie eine besonders große Ausführlichkeit bzw. Weitschweifigkeit auszeichnete. Das gilt allerdings auch für die Epen Homers, die in den Schilderungen von beispielsweise Kriegerrüstungen eine gewisse Weitschweifigkeit nicht verleugnen können.

„Du bist ein Banause“

Ich halte dich für einen ungebildeten Spießer.

Der Banause ist ein gutes Beispiel dafür, dass ein Wort im Laufe der Zeit und beim Übergang in andere Kulturkreise eine völlig andere Bedeutung bekommen und seinen ursprünglich neutralen Wert ins Negative wandeln kann. Das altgriechische Wort „banausos“ bedeutete damals nichts anderes als „Handwerker“, abgeleitet von der wörtlichen Übersetzung „ein am Ofen Arbeitender“. Obwohl der Handwerker früher, in einer Zeit, als es noch keine fabrikmäßig gefertigte Waren gab, noch in höherem Ansehen stand, bekam der Begriff schon in der Antike einen abschätzigen Beigeschmack, wohl wegen des überragenden Images der mit ihrem Geist arbeitenden Philosophen. Viel später, um 1800, entwickelte der Homer-Übersetzer Graf Stolberg eine gewisse Liebhaberei für dieses griechische Wort und führte seine Lieblingsvokabel als Fremdwort ins Deutsche ein – der Banause war geboren.

„In den Hundstagen schwitzen“

die heißeste Zeit des Jahres erleben

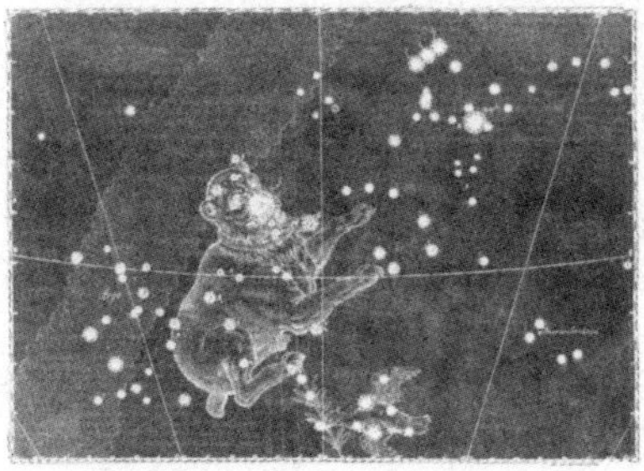

Wieso nennt man die im Normalfall besonders heißen Sommertage vom 23. Juli bis zum 23. August „Hundstage“? Bekanntlich kann ein Hund doch gar nicht schwitzen, denn ihm fehlen die Schweißdrüsen; dafür hechelt er, das heißt, er verdunstet zur Wärmeabfuhr Feuchtigkeit in der Nase und im Maul. Das Sternbild Großer Hund, dessen Hauptstern der Sirius ist, deshalb auch Hundsstern genannt, ging in der Antike genau zwischen diesen beiden Kalenderdaten auf. Das Sternbild war täglich etwas mehr zu sehen, bis es am 23. August komplett am Himmel stand. Diese Spanne, die meist auch die Zeit der größten Sommerhitze darstellte, wurde „Tage vom Großen Hund“ genannt, und die alten Griechen glaubten, dass die Hitze durch die Verschmelzung des Sonnenlichts mit dem Feuer des besonders hellen Sirius ausgelöst werde. Durch die Eigenbewegung des Sternbildes Canis Maior hat sich der Aufgang dieses Sternbildes seitdem um rund vier Wochen verschoben; damit wären also im ganzen September die echten „Hundstage“. Aus alter Tradition nennen wir aber die heißen Juli- und Augustwochen immer noch so.

„Eine Koryphäe sein“

ein hervorragender Fachmann sein

Der Laie staunt und der Fachmann wundert sich, wenn eine Koryphäe am Werk ist. Denn es gibt kaum eine größere Anerkennung, als wenn jemand mit diesem Attribut belegt wird. Umso erstaunlicher ist, woher diese Bezeichnung eigentlich stammt. Das altgriechische Ausgangswort, abgeleitet von der Vokabel für „Spitze“, bezeichnete einen Anführer, speziell den Chorführer in der griechischen Tragödie. Bekanntlich bestand die verbindliche Grundstruktur dieser antiken Bühnenwerke aus dem Wechsel zwischen den Mono- bzw. Dialogen der Schauspieler und den kommentierenden Liedversen des Chores, der in der Tragödie aus zwölf bis fünfzehn Bürgern bestand, die unter der Leitung eines Chorführers probten. Unser heutiger Terminus bezeichnet, nach einer etymologischen Reise durch das Latein und die französische Sprache, herausragende Persönlichkeiten bestimmter Fachgebiete, in der Regel Geisteswissenschaftler. Die Verwendung des Attributs in der Formel 1 oder in der Schlagerbranche ist aus guten Gründen eher selten.

„Olympische Spiele"

alle vier Jahre stattfindendes Sportfest

Die heutigen Olympischen Spiele haben mit der Veranstaltung, auf die ihr Name zurückgeht, fast gar nichts mehr zu tun. Handelt es sich heutzutage um das größte Sportspektakel der Welt, so waren die Spiele von Olympia, einer Tempelanlage im Nordwesten des Peloponnes mit dem wichtigsten Heiligtum des Zeus, eine Mischung aus religiösem Kult und verschiedenen Wettkämpfen, sportlichen, aber auch musischen. Noch ein Unterschied: Freuen sich heute Unterlegene über ihre Silber- oder Bronzemedaillen, so galten damals schon der zweite und dritte Platz als untilgbare Schmach. Was fast in Vergessenheit geraten ist: Die eigentliche „Olympiade", nämlich der Vier-Jahres-Abstand, der auch heute noch für den Rhythmus der modernen Spiele gilt, war verursacht dadurch, dass neben den Spielen von Olympia auch noch drei weitere abwechselnd stattfanden: die Pythischen Spiele in Delphi, die Neměischen Spiele und die Isthmischen Spiele von Korinth. 1896, in einer Zeit der Begeisterung für das klassische Griechenland, wurde von diesen Vieren lediglich die Olympiade wiederbelebt.

„Eine Lesbierin sein"

als Frau eine andere Frau lieben

Weibliche Homosexualität ist natürlich keine Erfindung der Neuzeit. Und diese Orientierung mit der Ägäisinsel Lesbos in Verbindung zu bringen, ist ebenfalls nicht neu - in der Antike war ein Ausdruck geläufig, der lautete „es machen wie die Frauen aus Lesbos". Ohne hier auf spezielle Techniken eingehen zu wollen, darf man wohl davon ausgehen, dass auf Lesbos nicht nur „Lesbierinnen" lebten. Woher kommt dann dieses Synonym? Die Dichterin Sappho, die im 6. Jahrhundert v. Chr. auf dieser Insel lebte, hat in ihren Versen die Liebe zwischen Frauen besungen. Wenn auch ihre eigenen Vorlieben bis heute nicht bekannt sind, wurde der Terminus „sapphische Liebe" kreiert, der dann im Frankreich des 17. Jahrhunderts durch „lesbische Liebe" verdrängt wurde. Die Bezeichnung „Lesbe" war lange Zeit – vergleichbar dem Begriff „schwul" – eher ein Schimpfwort, wurde dann aber von gleichgeschlechtlich orientierten Frauen für eine über das Sexuelle hinaus gehende partnerschaftliche Bindung zwischen zwei Frauen besetzt und damit aufgewertet.

„Die Quintessenz“

Der Hauptgedanke, das Wesentliche

Heute umfasst das so genannte Periodensystem 118 chemische Elemente – die Antike kam noch mit den „elementaren“ vier Elementen Feuer, Wasser, Erde und Luft aus. Diese Lehre geht auf Philosophen wie Thales und Heraklit zurück; Empedokles entwickelte die Ansicht, nach der Feuer, Luft, Wasser und Erde die Bausteine aller Dinge sein sollten, und tat damit einen wichtigen Schritt zur Entmachtung der Götter. Aber schon Aristoteles fragte sich, woher eigentlich das Leben komme, das den vorhandenen Elementen ja nicht unbedingt zu Eigen ist. Er postulierte also ein fünftes Element, das er „Äther“ nannte und das die Kraft haben sollte, toten Gegenständen Leben zu verleihen. Der lateinische Name dieses fünften Elements lautete „quinta essentia“ (fünftes Seiendes). Wegen der immensen Bedeutung dieser Quintessenz wandelte sich der Sinn zu „das Wesentliche, Hauptsächliche, Wichtigste“. Eine Quintessenz hat also mit der Essenz als einem konzentrierten Auszug eines Stoffes nichts zu tun.

„Heureka!“

Ich hab's!

Das Wort „Heureka“ kommt aus dem Altgriechischen, ist die 1. Person Singular Indikativ Perfekt und bedeutet soviel wie „Ich hab's gefunden“. Bekannt, ja geradezu berühmt geworden ist der Ausdruck durch eine Anekdote, die uns von Plutarch überliefert worden ist. Danach suchte Archimedes von Syrakus (287 – 212), der berühmteste Mathematiker, Physiker und Ingenieur der Antike, intensiv nach der Lösung, wie er den Goldgehalt der Krone des Herrschers Hieron II. ermitteln konnte, ohne sie zu beschädigen. Archimedes soll zufällig beim Baden entdeckt haben, dass der Badezuber genau um jene Wassermenge überlief, die seinem Körpervolumen entsprach – das nach ihm benannte Archimedische Prinzip, das auch heute noch beim Schiffbau eine wichtige Rolle spielt. Begeistert über seine Entdeckung, soll Archimedes nackt, wie er im Bade gesessen hatte, auf die Straße gelaufen sein mit dem Ausruf „Heureka!“. Im Gefolge der humanistischen Bildung hat sich der Ausdruck als freudiger Ausruf nach der gelungenen Lösung einer schweren Denkaufgabe verbreitet. Man hört ihn auch bisweilen, wenn eine plötzliche Erkenntnis gewonnen ist.

„Aus einer Mücke einen Elefanten machen“

Unbedeutendes über Gebühr aufbauschen

Diese weit verbreitete Redewendung ist als solche schon erstaunlich alt. Laut dem griechischen Satiriker Lukianos, einem Schriftsteller des 2. Jahrhunderts n. Chr., gab es sie ganz ähnlich, nur mit einem anderen Insekt, zu seiner Zeit bereits – er erwähnt sie jedenfalls als Sprichwort in seinem Text „Lobrede auf die Fliege“. In lateinischer Form finden wir sie in der Renaissancezeit bei Erasmus, auf Deutsch dann im 16. Jahrhundert in einer Übersetzung des Lukian-Textes, nun auch mit Mücke statt Fliege. Grimmelshausen übernimmt diese Formulierung dann, und Luther sorgt für die weite Verbreitung dieses ungleichen Paares, indem er den Elefanten als Sinnbild des Großen, die Mücke als Symbol für das Kleine verwendet.

„Sich mit fremden Federn schmücken“

fremde Leistung als eigene ausgeben

Mit den Ureinwohnern von Amerika, bekannten Federschmuckträgern, hat diese Redewendung gar nichts zu tun. Vielmehr ist sie einem der Gleichnisse des berühmten griechischen Fabeldichters Äsop, dessen Name im Original Aisopos lautete, entsprungen. „Die Krähe und die Vögel“ handelt von dem Versuch einer Krähe, sich bei einem von Göttervater Zeus ausgelobten Casting, wer König der Vögel werden solle, durchzumogeln. Selbst bekanntermaßen eher unscheinbar gewandet, sammelt sie die herumliegenden Federn anderer, bunter Vögel auf und hübscht damit ihr eigenes Gefieder auf. Leider bemerken die Eigentümer der „fremden Federn“ dies noch rechtzeitig, bevor Zeus ihr den Vogelthron zuweist, und nehmen ihr den fremden Schmuck wieder ab, so dass sie als hässlicher Rabenvogel dasteht. Äsop überträgt in seinen Fabeln normale menschliche Schwächen im Griechenland des 6. Jahrhunderts v. Chr. wie Neid, Dummheit, Geiz, Eitelkeit auf Tiere und kann so seinen Zeitgenossen einen Spiegel vorhalten. Dass seine Fabeln auch heute noch sehr bekannt sind und sogar Eingang in unsere Redewendungen gefunden haben, spricht bezüglich ihrer immer noch aktuellen Bedeutung für sich, wenn es auch heute meist fremde Haare sind, mit denen sich Menschen schmücken ...

Aesop

„Den Löwenanteil bekommen"

den größten Teil eines Gewinns einstreichen

Bei dieser Redewendung ist wieder der griechische Fabeldichter Äsop, der um 600 vor Chr. lebte, der Vater. Über ihn selbst ist wenig bekannt, er soll ein griechischer Sklave gewesen sein, der in der Sprache des kleinen Mannes dichtete. Eine seiner Geschichten handelt von einem Löwen, der zusammen mit einem Fuchs und – etwas unglaubwürdig – einem Esel auf die Jagd geht. Nachdem der offenbar naive Esel die Beute gewissenhaft in drei gleiche Portionen geteilt hat, wird der Löwe wütend und zerreißt den Esel. Der Fuchs, um eine neuerliche Aufteilung gebeten, ist so klug, dem Löwen fast die gesamte Beute – eben den Löwenanteil – zuzugestehen und für sich selbst nur um eine kleine Aufwandsentschädigung zu bitten.

„Eine Schlange am Busen nähren"

einem undankbaren Menschen vertrauen

Die legendäre Liebestragödie zwischen Kleopatra, der letzten Königin von Ägypten, und dem römischen Feldherrn Marcus Antonius sowie die mysteriösen Umstände ihres Todes beflügelten die Fantasie der Menschen seit der Antike. Kleopatra starb wohl um 30 v. Chr. auf bis heute ungeklärte Weise. Seit der Antike ist aber die Vermutung sehr verbreitet, dass Schlangengift ihre Todesursache gewesen sei, wie es Plutarch bereits verbreitet hat, allerdings aus Gründen der politischen Hygiene: Der Schlangengifttod war einer Königin angemessen. Die Redewendung von der Schlange am Busen hat aber wider Erwarten nichts mit Kleopatra zu tun. Sie geht vielmehr zurück auf eine Fabel des griechischen Dichters Äsop. Darin findet ein Bauer eine halberfrorene Schlange und wärmt sie – das Verb „nähren" ist wohl erst später dazugefügt worden – unter seinem Hemd an seiner poetisch Busen genannten Brust. Heute weiß man, dass Tiere selten dankbar sind, schon gar nicht Reptilien; damals wurde die Schlange, die das tat, was man als Schlange tut, wenn man sich bedroht fühlt, nämlich beißen, als undankbar und böse beschimpft. Eine Schlange am Busen nähren bedeutet also, dass man Gefahr läuft, von einem undankbaren Menschen bei nächster Gelegenheit hintergangen zu werden.

„Im Wolkenkuckucksheim wohnen"

weltfremd sein

Die Art des Wolkenkuckucks ist weder in Brehms noch Grzimeks Tierleben verzeichnet. Woher also dieser Begriff, zumal doch jeder weiß, dass gerade der Kuckuck gar kein eigenes Nest baut und daher kein Heim hat? Das Wort Wolkenkuckucksheim ist eine Lehnübersetzung aus dem Altgriechischen. In der satirischen Komödie „Die Vögel" des griechischen Dichters Aristophanes, in der er die damalige Großmachtspolitik Athens unter Perikles kritisierte, kommt eine Stadt in den Wolken vor, die sich die Vögel gebaut haben. Der Philosoph Arthur Schopenhauer schuf die deutsche Übertragung 1813 und gab dem Begriff auch die erweiterte Bedeutung, indem er Philosophen kritisierte, die nach seiner Ansicht nur von „Wolkenkuckucksheimen" redeten und nicht von der Realität. In deutschen Übersetzungen der Aristophanes-Komödie wird seitdem dieser Begriff verwendet, der inzwischen, etwas vom ursprünglichen Sinn abweichend, synonym zum Begriff Luftschloss verwendet wird für eine Utopie ohne Realitätsbezug.

„Eulen nach Athen tragen"

etwas Überflüssiges tun

Diese Redensart wurde ebenfalls vor 2400 Jahren von Aristophanes in seiner Komödie „Die Vögel" geprägt. Augenzwinkernd lässt er einen der Protagonisten angesichts einer fliegenden Eule ausrufen: „Wer hat die Eule nach Athen gebracht?" Die Eule galt damals als eine Art Wappentier Athens, denn sie war der Symbolvogel der Göttin Athene, der Schutzpatronin der Stadt. In Athen gab es denn auch sehr viele dieser Nachtvögel, aber auch sehr viele Münzen mit der Abbildung dieser Eule, denn Athen war zur damaligen Zeit sehr reich. Weitere „Eulen" waren also überflüssig. Aristophanes wollte den Reichtum der Athener karikieren: „An Eulen wird es nie mangeln." In der römischen Epoche wurde diese Redewendung übernommen, später prägten auch andere Völker ihrer Kultur entsprechende Versionen: von „Kohlen nach Newcastle bringen" in England bis „mit dem Samowar nach Tula fahren" in Russland, wo Tula ein Zentrum der Samowar-Herstellung war.

An der Eule als Münzenvogel hat Griechenland übrigens bis heute festgehalten; nach der Drachme zeigt auch der griechische Euro die Eule.

„Groß wie der Koloss von Rhodos“

von riesigen Ausmaßen

Eines der Sieben Weltwunder der Antike war der „Koloss von Rhodos“. Eine zeitgenössische Beschreibung ist nicht erhalten, aber im kollektiven Bewusstsein hat sich das Bild eines spreizbeinigen Riesen über einer Hafeneinfahrt festgesetzt. Die Enden der Hafenmolen auf Rhodos liegen allerdings 750 Meter auseinander – undenkbar, dass diese Entfernung von einer Statue überbrückt worden wäre. Trotzdem muss das 292 v. Chr. im Hauptheiligtum der Inselhauptstadt aufgestellte monumentale Standbild des Sonnengottes Helios mit seinen für die damalige Zeit enormen Maßen von 30 bis 35 Metern Höhe die Zeitgenossen tief beeindruckt haben. Zum Vergleich: Die berühmteste Großstatue der Antike, der Zeus von Olympia, maß „nur“ 12 Meter. Der Koloss, der bei einem Erdbeben im Jahr 226 v. Chr. einstürzte, bestand aus Bronze – noch fast 900 Jahre lang konnten Rhodos-Besucher die Trümmer besichtigen. Auch unser Wort „kolossal“ geht auf diesen Koloss zurück, obwohl mit „kolossos“ ursprünglich eine Statue ohne Größenbezug gemeint war.

„Sich ein Mausoleum errichten“

nicht vergessen werden wollen

Der Wunsch, dass nach dem Ableben die eigene Größe der Nachwelt über Jahrhunderte vor Augen stehen möge, hat die Menschen jahrtausendelang zu teilweise absurden Bauwerken inspiriert – die Pyramiden von Gizeh sind Weltrekordhalter an umbautem Raum. Weniger monströs, aber sehr dauerhaft in seiner sprachlichen Präsenz ist das Grabmonument, das ein gewisser Maussolos, König von Karien in Kleinasien mit der Hauptstadt Halikarnassos, Mitte des 4. Jahrhunderts v. Chr. in Auftrag gab; seine Schwester, die auch seine Witwe und Nachfolgerin war, ließ es fertigstellen. Bescheiden wirkte es nicht gerade mit seinen 50 Metern Höhe, und so galt es bereits in der Antike als eines der Sieben Weltwunder. Leider fiel es einem Erdbeben zum Opfer, aber die Friese sowie einige Statuen kann man im British Museum in London bewundern. Ein mehr oder weniger monumentales Grabmal in Gebäudeform „Mausoleum“ zu nennen, ist im deutschsprachigen Schrifttum seit dem 16. Jahrhundert bezeugt; im übertragenen Sinn wird der Begriff gebraucht für ein für die Nachwelt bestimmtes Erinnerungszeichen.

„Das achte Weltwunder"

ein überwältigender Anblick

Du bist das achte Weltwunder!" – Dieser (meist etwas übertriebene) Ausruf entfährt so manchem angesichts einer schönen Frau. Beschränken wir uns mal aufs Architektonische. Bereits in der Antike wurden Listen geführt, auf denen Weltwunder aufgezählt wurden, besonders Aufsehen erregende Bau- oder Kunstwerke. Im 2. Jahrhundert v. Chr. entstand folgende, wegen der Symbolkraft sieben Punkte umfassende Aufzählung: die hängenden Gärten der Semiramis zu Babylon, der Koloss von Rhodos, das Grab des Königs Maussolos II. zu Halikarnassos, der Leuchtturm auf der Insel Pharos, die Pyramiden von Gizeh, der Tempel der Artemis in Ephesos und die Zeusstatue von Olympia. Bis auf die Pyramiden wurden alle Weltwunder zerstört oder zerfielen. Heute gibt es wieder Versuche, aktuelle Weltwunder-Listen aufzustellen. Da aber alle Welt inzwischen durch den Massentourismus erreichbar geworden ist, haben sich solche Listen zwischenzeitlich zu Wälzern ausgewachsen, die Titel tragen wie: „1000 places to see before you die". Schöne Frauen sind nicht darunter.

„Sich spartanisch einrichten"

äußerst genügsam wohnen

Die Redewendung von der spartanischen Lebensweise geht zurück auf ein Image, das auf antike Berichte über die Gesetze des Lykurgos, des mythischen Gesetzgebers von Sparta, zurückgeht. Thukydides und andere berichteten pointiert über die Regeln, die angeblich in Sparta herrschten, um Völlerei und Verweichlichung entgegenzutreten. Zum Beispiel dürfe man sich bei den gemeinsamen Mahlzeiten zwar satt essen, aber nicht „den Magen überladen"; auch sei den in der Oberschicht verbreiteten Trinkgelagen in Sparta ein Ende gemacht worden. Plutarch schrieb, dass Lykurg sämtliches Gold- und Silbergeld abgeschafft und durch unhandliche Eisenmünzen ersetzt habe, die die Anhäufung von Reichtum so gut wie unmöglich gemacht hätten. Aristoteles kritisierte, dass die spartanischen Gesetze nur einer einzigen Tugend dienten, nämlich der kriegerischen. In der Neuzeit bildeten sich daraufhin weitere Klischees um die angeblich von Kindheit an in strenger staatlicher Zucht zur Kriegsführung und zum Gehorsam erzogenen Spartaner.

„Eine lakonische Antwort geben“

knapp, wortkarg reagieren

Lakonien zählt, im Gegensatz zu Attika oder Thrakien, nicht zu den bekannteren Regionen des klassischen Griechenland. Es handelt sich um eine Landschaft des Peloponnes, deren Hauptstadt das bekanntere Sparta war. Die Bewohner hießen Lakedaimonier, nur die Einwohner der Stadt Sparta durften sich Spartaner nennen.
Den Einwohnern wurde damals eine charakteristisch wortkarge Art nachgesagt, weshalb bis heute eine knappe, aber treffende Ausdrucksweise als „lakonisch“ bezeichnet wird. Beispiel gefällig? Nach einer Niederlage sandten spartanische Heerführer einen Bericht nach Hause, der von den eher redseligen Athenern als typisch lakonisch belacht wurde: „Boote verloren. Mindaros tot. Männer haben Hunger. Wissen nicht, was tun.“
Bekannt auch die Anekdote, Philipp II. von Makedonien habe an die lakonische Hauptstadt die Drohung gesandt: „Wenn ich euch besiegt habe, werden eure Häuser brennen, eure Städte in Flammen stehen und eure Frauen zu Witwen werden.“ Darauf sollen die Spartaner geantwortet haben: „Wenn.“

„Sich benehmen wie ein Barbar“

etwas Rohes, Unmenschliches tun

Man tut der Barbara eigentlich Unrecht, wenn man die Bedeutung ihres Namens aufdeckt, denn genauso wenig wie eine Irene, die nach der Friedensgöttin benannt ist, immer verträglich sein muss, ist eine Barbara immer eine Fremde. „Barbaros“ nannten die Griechen der Antike Menschen, deren Sprache sie nicht verstanden, „unverständlich sprechend“. Auch Zeitgenossen mit Sprachfehler oder Akzent wurden so genannt, vor allem aber die Perser, die alten Feinde. Die Römer übernahmen diesen Begriff als Fremdwort und bezeichneten ebenfalls alle Völker außerhalb ihres römisch-griechischen Kulturkreises als Barbaren. In Deutschland taucht das Wort zuerst um 1600 auf, damals noch wie das Original auf der ersten Silbe betont; später rückte die Betonung unter dem Einfluss des modischen Französisch nach hinten. In der verwandten Bezeichnung „Berber“ für Nicht-Sesshafte ist die Betonung noch erhalten. Noch einmal zurück zur Barbara. Damit ihr Name nicht gar so barbarisch klingt, hat das Deutsche die niedliche Bärbel daraus gemacht.

J. Bühlmann

Kapitel 4

Von Rubikon bis Tabula rasa

Redewendungen und Begriffe aus der römischen Geschichte

„Seine Hand ins Feuer legen"

für jemanden bürgen

Für diese Redewendung gibt es zwei Deutungen. Sie könnte auf ein im Mittelalter verbreitetes Gottesurteil zurückgehen, für das der Angeklagte eine Zeitlang die Hand ins Feuer halten musste. Als unschuldig galt, wer sich entweder gar nicht verbrannte – was sicher höchst selten vorkam – oder wessen Wunden in kürzester Frist wieder verheilt waren. Wahrscheinlicher aber ist die antike Wurzel dieser Redensart. Ein gewisser Gaius Mucius Scaevola soll die Stadt Rom im Jahre 508 v. Chr. vor den feindlichen Etruskern gerettet haben. Die Sage erzählt, dass er sich in das feindliche Lager geschlichen habe, um deren König Porsenna zu töten. Entdeckt und dem König vorgeführt, gab er ein legendäres Beispiel von Standhaftigkeit ab. Er hielt seine rechte Hand so lange in eine Flamme, bis sie verbrannt war. Der König war dermaßen beeindruckt, dass er die Belagerung Roms abbrach. Sollte sich das Ereignis tatsächlich so zugetragen haben, könnte als Erklärung eine krankhafte Nervenanomalie gelten, durch die man Schmerzen gegenüber unempfindlich ist. Normale Menschen würden sich aber wohl kaum gern die Finger verbrennen.

„Einen Pyrrhussieg erringen"

einen zu teuer erkauften Erfolg erzielen

Pyrrhus

Pyrrhos, der von seinen römischen Gegnern Pyrrhus genannt wurde, war ein König der Molosser und Anführer des Bundes von Epirus und lebte zwischen 319 und 272 v. Chr. Das etwa 30.000 Mann und 20 Kriegselefanten umfassende Heer des talentierten Strategen errang in Italien 280 und 279 v. Chr. gegen Rom mehrere Siege, die allerdings mit hohen eigenen Verlusten erkauft werden mussten. Nach seinem Sieg in der Schlacht bei Asculum soll er gesagt haben: „Noch so ein Sieg, und wir sind verloren!" Seine Verluste waren in der Tat so gravierend, dass er die Besiegten um Frieden bitten musste. Der römische Senat, stolz auf den am Ende erfolgreichen Verteidigungskampf, wies diese Bitte zwar ab, die römischen Historiker würdigten aber den ebenbürtigen Gegner, ohne ihn, wie sonst üblich, zu verspotten. Bis heute muss der Name des unglücklichen Pyrrhus für Sieger in Konflikten herhalten, die aus der eigentlich gewonnenen Auseinandersetzung geschwächt hervorgehen und aus ihrem Sieg keinen Nutzen ziehen können.

„Als Volkstribun auftreten"

der Meinung der breiten Masse eine Stimme geben

Als Volkstribun wird ein Politiker bezeichnet, der für sich in Anspruch nimmt, der so genannten schweigenden Mehrheit eine Stimme zu geben. Den wenigsten gelingt es, wenn sie in Amt und Würden kommen, den Ruf eines Volkstribunen beizubehalten, weil am Regierungstisch meist doch andere Erkenntnisse gewonnen werden als am Stammtisch. Historisch gesehen ist der Bedeutungswandel des Wortes Volkstribun auffällig. Der antike „tribunus plebis" war in der römischen Republik ein gewählter Magistrat, dessen Aufgabe es war, die römischen Plebejer, also das einfache Volk der Handwerker und Bauern, gegen die Macht der Patrizier in Schutz zu nehmen. Dazu konnte er Maßnahmen patrizischer Beamter und des Senats unterbinden. Die Plebejer schworen einen Eid, der ihn vor körperlichen Angriffen schützte, so dass er demonstrativ unbewaffnet ging und auch nachts seine Haustür nicht verschloss. In späteren Jahrhunderten kam es zu einer Renaissance des Titels; beispielsweise galten bei der Französischen Revolution Robespierre und Danton ganz offiziell als Volkstribunen.

„Ceterum censeo"

eine ständig wiederholte dringende Mahnung

Ein echtes „Ceterum censeo" muss ständig wiederholt werden, wenn man dem Vorbild des römischen Staatsmannes Marcus Porcius Cato, genannt Cato der Ältere (234 – 149 v. Chr.), nacheifern möchte. Der soll, so überliefert es Plutarch, in einer Phase der Bedrohung Roms durch die Karthager den Senat immer wieder vor diesem Feind gewarnt haben, indem er, gleichgültig, welches Thema eigentlich auf der Tagesordnung stand, jede seiner Reden mit dem dringenden Antrag „Ceterum censeo Carthaginem esse delendam – Im Übrigen bin ich der Meinung, dass Karthago zerstört werden muss" abschloss. Steter Tropfen höhlt den Stein – im Jahre 150 v. Chr. ließ sich der Senat schließlich überzeugen, der Dritte Punische Krieg und die Zerstörung Karthagos waren die Folge. Zwei Haken hat die eigentlich sehr schlüssige und in den Sprachgebrauch eingegangene Formel: Plutarch ist der einzige antike Autor, der dieses Zitat Catos überliefert, und das 225 Jahre später. Und Plutarch schrieb griechisch; beides relativiert die Authentizität des lateinischen Zitats.

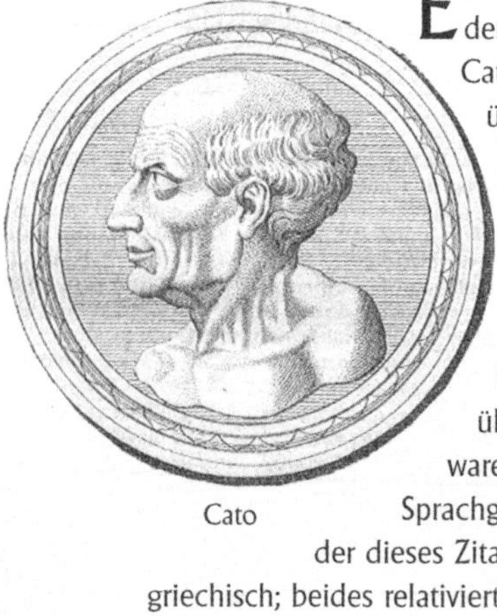

Cato

„Hannibal ante portas!"

Gefahr im Verzug!

In den Machtkämpfen zwischen Mark Anton und Octavian nutzte der auf Octavians Seite stehende Politiker und Schriftsteller Marcus Tullius Cicero (106 – 43 v. Chr.) ein tief sitzendes Trauma der Römer, nämlich die Bedrohung durch Karthago im 2. Punischen Krieg rund hundert Jahre vorher, zu einem Angriff auf seinen politischen Gegner, indem er eine seiner Reden mit dem Warnruf „Hannibal ad portas!" bereicherte; das Zitat hat also mit Hannibal direkt gar nichts zu tun. Später ist das „ad portas", also „bei den Toren", durch „ante portas" ersetzt worden, was dem Spruch eine den Realitäten nicht entsprechende Dramatik gibt – Hannibal erreichte nach seinem legendären Sieg bei Cannae die Stadt gar nicht. Weil aber der Spruch, auch in der falschen Zitierweise, später beliebt war, ist er als Warnung vor vermeintlicher oder tatsächlicher Gefahr bis heute so populär geblieben, dass sich der bekannte deutsche Humorist Loriot darauf verlassen konnte, dass das Publikum auch ohne Lateinkenntnisse den Titel „Pappa ante portas" eines seiner Spielfilme verstand.

„Cui bono?"

Wer ist der Nutznießer?

Krimi-Fans wird das Ermittlungsmuster geläufig sein, dass auf der Suche nach einem Motiv danach gefragt wird, wer vom Tod des Opfers profitiert. Denn dieses Motiv entlarvt manchmal nicht nur den Täter, sondern auch den – scheinbar unbeteiligten – Auftraggeber. Diese Frage nach dem Nutznießer aus einer Tat wird seit über zwei Jahrtausenden mit der Floskel „Cui bono? – Wem nützt es?" bezeichnet. Denn bereits Cicero verwendete sie 80 v. Chr. in einer Verteidigungsrede, in der er den Mordverdacht vom Angeklagten, dem Sohn des Opfers, auf denjenigen lenkte, der den Besitz des Toten an sich brachte. Cicero war damals erst 27 Jahre alt, und da einem so jungen Advokaten wohl ein so maßgeblicher Gedankengang noch nicht zugetraut worden wäre, behauptete er, im Jahre 127 habe ein Konsul so plädiert. Heute wird das Cui-bono-Prinzip nicht nur bei Kriminalfällen, sondern auch in vielen anderen Bereichen angewandt, in denen es – mal mehr, mal weniger kriminell – um Ursache und Wirkung geht, so in der Politik, der Wirtschaft, aber auch in der Geschichtswissenschaft.

Cicero

„Den Rubikon überschreiten“

sich unwiderruflich auf ein Risiko einlassen

Caesar

Die Überschreitung des Rubikon steht in engem Zusammenhang mit dem bekannten Zitat Caesars „Alea iacta est“. Der verfassungspolitisch komplizierte Hintergrund kann nur verknappt dargestellt werden. Caesar, der in Gallien erfolgreich gewesen war, sollte von seinem Gegner Pompeius daran gehindert werden, sich in Rom einer Wahl zum Konsul zu stellen. Er durfte als Provinzstatthalter die Grenzen Roms nicht überschreiten, die im Norden durch das Grenzflüsschen Rubikon symbolisiert wurden. Caesar nahm den offensichtlichen Rechtsverstoß in Kauf; als er am 10. Januar 49 v. Chr. den Fluss überquerte, war er sich der Tragweite dieses Schritts bewusst. Die bewaffnete Überquerung des Flusses in Richtung Rom wurde vom Senat als Kriegserklärung verstanden und löste einen Bürgerkrieg aus. Übrigens ist bis heute unbekannt, wo der antike Rubikon floss. Das heute so genannte Flüsschen, das nordöstlich von Florenz im Apennin entspringt und bei Ravenna in die Adria mündet, wurde erst von Mussolini so getauft.

„Alea iacta est“

Es gibt keinen Weg zurück.

Zur Erklärung dieser – auch heute noch oft auf Lateinisch gehörten – Redewendung, die gebraucht wird, wenn jemand eine wichtige Entscheidung getroffen hat, muss zuerst gesagt werden, dass es im Original nur um einen einzigen Würfel geht. Dieser ist auch noch nicht gefallen, sondern nur geworfen – „iacta“! Insofern entspricht diese im alten Rom in Spielerkreisen weit verbreitete Floskel dem vom heutigen Roulette bekannten „Rien ne va plus“. Jeden Moment fällt die Entscheidung und ist nicht mehr aufzuhalten. Und genau so meint es Julius Caesar, als er am 10. Januar 49 v. Chr. den Rubikon, den Grenzfluss zwischen der Provinz Gallia cisalpina und Italien, überschreitet. Die Entscheidung ist also noch nicht gefallen, wie die traditionelle deutsche Fassung des Ausspruchs suggeriert, sondern sie ist nicht mehr rückgängig zu machen. Das Zitat geht zurück auf Sueton, den Biographen Caesars. Ob Caesar tatsächlich so etwas gesagt hat, wird mittlerweile angezweifelt. Wenn ja, dann wohl auf Griechisch, der für die gebildete römische Oberschicht üblichen Sprache.

„Auch du, mein Sohn Brutus?"

Diesen Verrat hätte ich dir nicht zugetraut.

Von Julius Caesar ist bekannt, dass er – abgesehen von Octavian, seinem Großneffen und Adoptivsohn – einen leiblichen Sohn hatte: Ptolemaios Kaisarion, Ergebnis seiner Liaison mit Kleopatra. Von einem Sohn namens Brutus ist nichts bekannt. Marcus Iunius Brutus Caepio (85 – 42 v. Chr.), Sohn eines Senators, war ein Politiker in der Zeit der späten römischen Republik; er ist berühmt geworden als einer der großen Attentäter der Geschichte, nämlich als Mörder Caesars. Brutus war überzeugter Republikaner und kämpfte gegen das Triumvirat von Crassus, Pompeius und Caesar. Trotzdem nahm ihn Caesar, der für seine Milde bekannt war, in den Kreis seiner Vertrauten auf. Ein großer Fehler, denn Brutus stellte sich, als Caesar sich zum Diktator auf Lebenszeit ernannt hatte, an die Spitze einer Verschwörung, um die Verfassung zu retten. An den berühmten Iden des März, dem 15. März 44 v. Chr., geschah der Mord im Senat, in dessen Verlauf der sterbende Caesar zu Brutus „Auch du, Sohn?" gesagt haben soll. Mittlerweile wird diese dramatische Szene von der Forschung allerdings angezweifelt; Biograph Sueton neigte ja dazu – siehe „Alea iacta est" –, seinem Heros Caesar zitierfähige Worte in den Mund zu legen.

Die Monate Juli und August

Die Namen unserer Monate haben ihre Wurzeln in der antiken römischen Mythologie, aber auch in der Geschichte. Unschwer zu erkennen sind Juli und August als Ehrerbietung für Julius Caesar (seit seinem Tod 44 v. Chr.) und seinen Nachfolger Augustus (seit 8 v. Chr.), wobei der Juli ursprünglich Quintilis (der „fünfte") und der August „Sextilis" genannt wurde. Der September sollte eigentlich nach dem Kaiser Tiberius, der Oktober nach Domitianus benannt werden; beides konnte sich nicht durchsetzen. Natürlich gab es früher, bevor der lateinische Einfluss auf Mitteleuropa prägend wurde, auch deutsche Monatsnamen: So hieß der Januar Hartung, der Februar Hornung, der März Lenzing, der April Launing, der Mai Winnemond, der Juni Brachet, der Juli Heuet, der August Ernting, der September Scheiding, der Oktober Gilbhart, der November Nebelung und der Dezember Julmond – alles für sich sprechende Bezeichnungen.

Augustus

„Sich auf seinen Lorbeeren ausruhen“

nach Anerkennung nicht mehr ehrgeizig sein

Die meisten Nutzer dieser Redewendung werden dabei einen Lorbeerkranz als Ehrenpreis für den Sieger in einem olympischen Wettkampf vor Augen haben. Weit gefehlt. Überraschenderweise erhielten die Sieger in Olympia zwar einen Siegeskranz, aber einen aus Olivenzweigen, nicht aus Lorbeer. Dieser wurde erst im klassischen Rom als Kopfschmuck des siegreichen Feldherrn kreiert; die „corona triumphalis“ durfte der Triumphator beim Einzug in die Stadt tragen. Später wurde der Lorbeerkranz ein Attribut der Kaiser, und viel später erhielten ihn auch sportlich Triumphierende verliehen. Dadurch erhielt der Lorbeer sein besonderes Image als Symbol des Sieges und des Triumphes – die höchste Auszeichnung für deutsche Sportler ist heute das Silberne Lorbeerblatt. Der Dichter Heinrich Heine ist der Erfinder der „Vorschusslorbeeren“. In einem Gedicht sagt er von Schiller, Goethe, Lessing und Wieland, dass diese Genies vom Publikum „keine Vorschuss-Lorbeerkronen“ haben wollten. Dass auch so etwas wie „Schmutziger Lorbeer“ existiert, zeigt der gleichnamige US-amerikanische Spielfilm aus dem Jahre 1956 mit Humphrey Bogart in seiner letzten Rolle. Er beschreibt die menschenverachtenden Machenschaften im Boxgeschäft.

„Einen Trumpf in der Hand haben“

einen unüberbietbaren Vorteil ausspielen

Diese Redewendung deutet auf den ersten Blick kaum noch ihre antiken Wurzeln an. Erst die etymologische Untersuchung des Wortes Trumpf, das so deutsch aussieht, fördert seine Abstammung zutage. Aus dem Griechischen entlehnt, nämlich dem Wort für den Festzug im Dionysos-Kult, entstand das lateinische „triumphus“, womit nun der seinen Sieg feiernde Festzug eines römischen Feldherrn gemeint war; wenn dieser vom Senat erlaubt war, zog er oft unter einem eigens errichteten Triumphbogen hindurch. Im 15. Jahrhundert kam der Begriff nach Deutschland, im 16. war er bereits eingedeutscht und als Bezeichnung einer überlegenen Karte im Kartenspiel, dem Trumpf, verbreitet. Dadurch bildete sich die umgangssprachliche Übertragung auf Macht, Überlegenheit, wodurch auch das Wort „auftrumpfen“ entstand.

„Urbi et orbi“

weltweit

Ob katholisch oder evangelisch – diesen Begriff hat jeder schon einmal gehört, der an Weihnachten oder Ostern Nachrichten hört, denn mit Sicherheit wird darin über den Feiertagssegen des Papstes berichtet. Dieser besonders feierliche Segen wird „Urbi et orbi“ genannt, weil er ihn nicht nur den auf dem Petersplatz Anwesenden spendet, sondern „der Stadt und dem Erdkreis“, also allen. Aber die Kirche hat diesen Spruch nicht erfunden und auch nicht den daraus resultierenden Anspruch. Bereits das alte Römische Reich verstand sich als universell, und schon bei Ovid (43 v. – 17 n. Chr) ist die Formel zu finden. Der Papst griff diesen Anspruch auf, nicht nur das Kirchenoberhaupt der Stadt Rom („urbs“), sondern das des gesamten Erdkreises („orbis“) zu sein. Übrigens erteilt der Papst den Segen „Urbi et orbi“ nicht nur an Weihnachten und Ostern, sondern auch bei seinem ersten öffentlichen Auftritt nach der Wahl. Noch weniger bekannt dürfte sein, dass nach katholischer Lehre mit diesem Segen allen, die ihn empfangen und die „guten Willens sind“, ein vollkommener Ablass ihrer Sünden gewährt ist.

„Sich Paladin nennen dürfen“

als engster Gefolgsmann anerkannt sein

Ältere werden sich erinnern, dass im so genannten „Dritten Reich“ Hermann Göring als Hitlers „Paladin“ bezeichnet wurde, sogar vom Führer selbst. Er stand damit in einer langen Tradition, denn der Begriff stammt aus der Zeit, als die römischen Kaiser ihren Wohnsitz auf dem Mons Palatinus in Rom nahmen. Von diesem Berg leitet sich der Begriff Palatium her, von dem wiederum das Wort Palast. In der Antike wurde eine Person, die im Palast des Kaisers lebte, Palatinus genannt; später bezeichnete man damit die treuesten Gefolgsleute. Der Palatinus, später Paladin genannt, spielte auch im Mittelalter eine große Rolle. Von „palatinus“ wurde nämlich „Pfalz“ abgeleitet; so wurden befestigte Orte genannt, die der König auf seiner Reise durchs Reich, das keine Hauptstadt und damit keinen festen Regierungssitz hatte, besuchte. Auch in der Neuzeit durften sich mit dem jeweiligen Chef eng verbundene Gefolgsleute „Paladine“ nennen, vor allem in Großbritannien und im Deutschen Reich. Göring war also nicht der einzige „Paladin“.

„Das ist ein notwendiges Übel“

Nachteil, der hingenommen werden muss

In den Vereinigten Staaten gibt es nicht wenige Bürger, die die totale Abschaffung aller Steuern fordern. Dabei scheint es sich um kurzsichtige Zeitgenossen zu handeln, denn sie ignorieren bei diesem Wunsch, dass dann der Staat, so wie wir uns an ihn gewöhnt haben, zusammenbrechen würde. Aber die Fantasie, das Finanzamt zu schließen, dürfte jeden schon mal überfallen haben und ist witzigerweise kein neues Phänomen. Schon im 3. Jahrhundert hatte der damals regierende römische Kaiser Marcus Aurelius Severus Alexander vor, die Finanzbeamten abzuschaffen, kam aber damals schon zu der oben bereits angeführten Erkenntnis – ohne Steuern kein Staat. Sein Stoßseufzer „necessarium malum – ein notwendiges Übel“ ist bis heute in aller Munde und wird nicht nur auf die Steuern, sondern auf alle möglichen zwar lästigen, aber unvermeidlichen Zeiterscheinungen angewendet, mit denen man nicht leben kann, ohne sie aber auch nicht ...

„Pecunia non olet – Geld stinkt nicht“

Der Zweck heiligt die Mittel.

Warum heißen die öffentlichen Bedürfnisanstalten in Paris „Vespasienne“ und in Rom „Vespasiani“? Man braucht nur oberflächliche Geschichtskenntnisse zu haben, um zu wissen, dass einer der römischen Kaiser den Namen Vespasian trug. Dieser führte in seiner Regierungszeit von 69 bis 79 eine Steuernovelle ein, die eine scheinbar anrüchige Tatsache nutzte. Urin nämlich war schon immer als Gerbungs- und Wäschereinigungsmittel eingesetzt und in Rom in großen Amphoren gesammelt worden, um ihn dieser Verwertung zuzuführen. Vespasian nun kam als erster auf die Idee, auf diese öffentlichen Toiletten eine Latrinensteuer zu erheben. Wie der Schriftsteller (und Verwaltungsbeamte) Sueton überliefert, soll der Kaiser seinem Sohn Titus gegenüber, der Zweifel an der moralischen Berechtigung dieser Maßnahme geäußert hatte, die lakonische Bemerkung „pecunia non olet“ gemacht haben; dabei habe er ihn an Geld aus den Latrineneinnahmen riechen lassen. Auch heute gibt es diverse Steuereinnahmen, die für einen Staat eigentlich nicht korrekt sind, weil er an Süchten mitverdient, so beim Glücksspiel, dem Alkoholkonsum und dem Tabak – aber Geld stinkt ja nicht.

„Panem et circenses – Brot und Spiele"

politische Ablenkungsversuche

Wenn eine Regierung das Volk mit Steuergeschenken gnädig stimmen will, steht sie auch heute noch im Verdacht, „panem et circenses" zu veranstalten. Diesen Begriff prägte der römische Satiriker Decimus Iunius Iuvenalis zu Beginn des 2. Jahrhunderts, als er seine Landsleute kritisierte, die seiner Meinung nach nicht mehr politisch aktiv seien, sondern sich mit „Brot und Zirkusspielen", also Nahrung und Unterhaltung, zufrieden gäben. Ohne zynisch sein zu wollen, drängt sich auch heute noch der Eindruck auf, dass viele Zeitgenossen in regelmäßigen Mahlzeiten und Fernsehkonsum den Sinn des Lebens erfüllt sehen. Bereits vor 2000 Jahren soll Kaiser Trajan der Überzeugung gewesen sein, dass das Volk sich „insbesondere durch zwei Dinge, Getreide und Schauspiele", im Bann halten lasse; auch die Einwohner Alexandrias sollen nur noch auf „Brot und Wagenrennen" fixiert gewesen sein. Es gilt also aufzumerken, wenn die Regierung mit Steuersenkungen, Wahlgeschenken oder Großereignissen die allgemeine Stimmung heben will – womöglich will sie von Problemen ablenken.

„Morituri te salutant"

Ich weiß, dass ich keine Chance habe.

Gladiatorenkämpfe waren an Dramatik nicht zu überbieten, denn hier ging es im wahrsten Sinne um Leben und Tod. Allerdings ist diese zur Redewendung gewordene Floskel nur ein einziges Mal in einer historischen Quelle belegt. Und selbst dort findet der Gruß nicht vor einem Gladiatorenkampf statt, sondern vor einer im Zirkus inszenierten Seeschlacht. Es ist also mehr als fraglich, ob Gladiatoren beim Einzug in die Arena jemals „Ave, Caesar, morituri te salutant – Die Todgeweihten grüßen dich!" gerufen haben. Das Leben eines Gladiators lag zwar allein in den Händen dessen, der das Spektakel veranstaltete, das war in der Regel der Kaiser. Dieser überließ das Urteil, ob ein unterlegener Kämpfer getötet werden sollte, aber meist dem Publikum. Hier lauert noch ein Klischee, das der Korrektur bedarf: Die Begnadigung wurde in der Tat mit nach oben gerecktem Daumen angezeigt; für das Todesurteil dagegen wurde der Daumen nicht, wie meist angenommen, nach unten, sondern mehr waagerecht in Richtung Schlüsselbein gedreht, dorthin, wo der Todesstoß in Richtung Herz angesetzt wurde.

„Lukullisch speisen"

eine üppige, luxuriöse Mahlzeit zu sich nehmen

Es gibt Restaurants, in denen Preis und Leistung nicht übereinstimmen. Der römische Senator und Feldherr Lucius Licinius Lucullus (117 – 56 v. Chr.) dürfte dieses Problem nicht gehabt haben. Er erbeutete bei seinen Feldzügen, vor allem in Armenien, immense Reichtümer und leistete sich davon luxuriöse Paläste, als erster übrigens auch mit großartigen Gartenanlagen, die er in Kleinasien kennengelernt hatte. Sein Name ist aber berühmt geworden durch die legendären Gastmähler, die er veranstaltete, so dass er bis heute für gastronomischen Luxus steht. Aber Vorsicht: Lucullus war kein dekadenter Verschwender und Prasser, sondern ein anspruchsvoller Genießer auf höchstem Niveau, der gern Gäste hatte und bewirtete, sie aber auch zur geistigen Nahrung in seine umfangreiche Bibliothek einlud. Für ein nicht unwichtiges „lukullisches Detail" sollten wir ihm dankbar sein: Er führte die Kirsche aus Kleinasien in Europa ein, die sich dann innerhalb von 120 Jahren bis Britannien ausbreitete.

„Von einem Mäzen unterstützt werden"

einen Gönner haben

Vor allem in Staaten, die Kultur und Wissenschaft nicht so mit Steuergeldern unterstützen, wie dies zum Beispiel in Deutschland geschieht, sind Opernhäuser, Universitäten und andere Einrichtungen in hohem Maße auf Spenden angewiesen. In diesen Ländern, vor allem in den USA, gibt es dementsprechend eine Kultur des Mäzenatentums. Bei Mäzenen handelt es sich um Personen, die, ohne eine direkte Gegenleistung zu verlangen, kulturelle, soziale, wissenschaftliche, sportliche oder andere Institutionen öffentlichen Interesses mit Geld oder anderen Mitteln unterstützen. Dabei kann es sich um Museen, Akademien oder Orchester handeln, aber auch Sport- und andere Vereine und auch einzelne Personen. Der Begriff Mäzen leitet sich von dem römischen Gönner Gaius Cilnius Maecenas her, der zur Zeit des Augustus Dichter wie Vergil und Horaz finanziell unterstützte. Bei aller Anerkennung für hochherziges Mäzenatentum sollte aber nicht vergessen werden, dass es auch nicht ganz uneigennützige Mäzene gibt, die durch ihre Spenden eine ganz bestimmte Kultur oder bestimmte wissenschaftliche Ziele fördern wollen.

„Minuten" und „Sekunden"

Manchmal ärgert man sich über die Tatsache, dass die Zeiteinheiten so wenig dezimal sind. Wie viel praktischer wäre es doch, wenn 100 Sekunden eine Minute und 100 Minuten eine Stunde ergeben würden. Unser Sexagesimalsystem mit 60 Minuten und 3600 Sekunden pro Stunde hat seinen Ursprung schon im antiken Babylon. Auch für den Astronomen und Geographen Claudius Ptolemaeus, der im 2. Jahrhundert n. Chr. in Alexandria lebte, war dieses System normal. Er nannte die Sechzigstel bei seinen Kreis- und Winkelteilungen „pars minutae primae" (von minuere = verkleinern, vermindern), die wiederum gebildeten Sechzigstel der Minute konsequent „pars minutae secundae", woraus die Bezeichnung „Sekunde" wurde. Korrekt war diese Namengebung nicht, denn wenn es bei der Sekunde um die „secundae", also zum zweiten Mal geteilte Zeiteinheit geht, so müsste die erste nicht Minute heißen, sondern Prime. Diese Winkeleinteilungen übertrugen sich auf die Zeitstunde, deren Zeiger ja auf dem Zifferblatt einen Kreis von 360 Grad beschreibt. Die Minuten und Sekunden wurden also von der Geometrie auf die Zeitrechnung übertragen, nicht umgekehrt!

Die Monate
September, Oktober, November und Dezember

Monate haben nicht nur merkwürdige Namen, sie sind auch nicht nach einem einheitlichen System benannt. Sind die ersten acht Monate unseres modernen Kalenders nach Göttern wie Juno und Kaisern wie Augustus benannt, so wird es im hinteren Drittel eher langweilig. September, Oktober, November und Dezember haben ihre Namen nach lateinischen Zahlwörtern – septem, octo, novem, decem. Nun ist sofort auffällig, dass unser neunter Monat die Zahl Sieben trägt, der zehnte die Acht und so weiter. Das hängt damit zusammen, dass der alte römische Kalender mit dem März als erstem Jahresmonat begann. Erst 153 v. Chr. verlegte man den Jahresbeginn auf den Januar, wodurch die Namen nicht mehr mit der Reihenfolge übereinstimmten. Auch für die nach Zahlen benannten Monate waren deshalb andere, nämlich Kaiser-Namen analog zu Juli(us) und August(us) geplant, jedoch konnten sich „Tiberius" für den September und „Domitianus" für den Oktober nicht durchsetzen.

„Tabula rasa machen“

mit einer Sache abschließen und neu anfangen

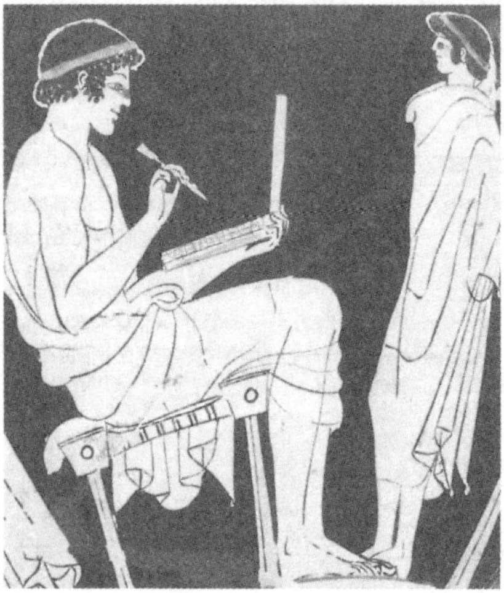

Wenn jemand alle Verfehlungen gesteht, dann wird dies oft mit der Redewendung „tabula rasa machen“ bezeichnet. Welche „tabula“ könnte hier gemeint sein? Das deutsche Wort „Tafel“ ist, wie so viele andere, ein Lehnwort aus dem Lateinischen und gleichzeitig die deutsche Übersetzung. Im Altertum war damit auch die Schreibtafel gemeint, die, in Ermangelung des noch nicht erfundenen Papiers, nicht nur Schüler benutzten, sondern auch Erwachsene als Notizblock. Die antiken Hardware-Entwickler hatten nämlich eine pfiffige Erfindung gemacht: Sie beschichteten eine Holzplatte mit Wachs, in das Buchstaben geritzt werden konnten. Wenn man die Tafel neu zu beschreiben wünschte, kratzte man die alte Wachsschicht ab und versah das Brett mit einer neuen – einer wiederbeschreibbaren CD vergleichbar. Eine „tabula rasa“ war also eine abgeschabte und damit leere Schreibtafel, ein Pendant zu unserem „reinen Tisch“.

„De mortuis nihil nisi bene“

Keine schlechte Nachrede am Grabe!

Verstorbene haben den Nachteil, dass sie sich nicht mehr wehren können. Entweder der griechische Staatsmann Solon (640 – 560 v. Chr.) oder Chilon von Sparta, beide zu den legendären Sieben Weisen zählend, soll als erster seine Zeitgenossen dazu aufgefordert haben, über Verstorbene „nichts Schlechtes“ zu reden. Bei dem Übergang des griechischen Zitats nach Rom hat es später dann eine nicht unwichtige Bedeutungsveränderung gegeben. Während die oft gehörte deutsche Version „Über die Toten sage man nur Gutes“ des meist auf Latein zitierten Spruches auf jeden Fall den Sinn verfälscht, muss man das griechische Original „nicht Schlechtes sprechen“ von der lateinischen Version „auf gute Weise sprechen“ unterscheiden. Heute versteht man die Mahnung meist so, dass am Grabe und in Nachrufen die Fehler und Nachteile des Verstorbenen geflissentlich verschweigen und die positiven Seiten in Erinnerung gerufen werden sollten. Wohl dem, bei dem es dann noch etwas zu berichten gibt, sonst ist der Rest Schweigen.

„Sine ira et studio"

neutral, unparteiisch

Tacitus

Der römische Historiograph Publius Cornelius Tacitus (58 – 120 n. Chr.) gilt, neben dem Griechen Herodot, als einer der Väter der Geschichtsschreibung. Er war sich damals schon im Klaren, dass ein Geschichtsschreiber, der seine Emotionen nicht im Griff hat, Gefahr läuft, nicht unparteiisch zu sein, wenn er Personen, Ereignisse oder Zusammenhänge schildert. Diese – von ihm selbst leider oft ignorierte – Maxime bezeichnete er in seinen „Annalen" mit dem Schlagwort „sine ira et studio – ohne Zorn und Ereiferung". Gemeint war, dass er Wertungen vermeiden und nur Tatsachen schildern wollte. Zu seiner Zeit war die Gefahr in der Tat groß, dass man gerade wegen wahrheitsgetreuer Äußerungen in Ungnade fallen würde. Andererseits konnte es auch geschehen, dass nach dem Ableben des Gefürchteten zu negativ berichtet wurde, wenn man vor keiner Rache mehr zittern musste. Der hehre Vorsatz wird auch heutzutage leider oft missachtet, denn auch heute ist die Historiographie oft von weltanschaulichen oder politischen Überzeugungen gefärbt.

„Auf der Bärenhaut liegen"

dem süßen Nichtstun frönen

Die Vorstellung vom Leben der nördlichen Nachbarn der Römer, der Germanen, ist von vielen Klischees geprägt. Es gibt nämlich, außer der „Germania" des Tacitus, recht wenige Quellen darüber. Tacitus beschreibt die Lebensgewohnheiten des Volkes, das erst wenige Jahre zuvor von Julius Caesar in seinem „De bello Gallico" erstmals als nicht keltisches, sondern eigenständiges Volk identifiziert worden war. Woher kommt nun die spaßige, immerhin eine Redewendung verursachende Vorstellung, dass die Germanen auf Bärenhäuten lagen? Bei Tacitus wird der Germane als zwar tapfer, aber arbeitsscheu geschildert, mit dürftiger, meist aus Tierfellen bestehender Kleidung. Bei den häufigen Gelagen werde ein unbekanntes Gebräu aus Gerste konsumiert, das zu heftigen Raufereien führe. Unter dem Eindruck dieses Textes schrieb ein Wilhelm Ruer 1872 für eine studentische Bierzeitung ein Lied mit dem Titel „Tacitus und die alten Deutschen", das mit den Zeilen endete: „Es wohnen die alten Deutschen auf beiden Ufern des Rheins, sie liegen auf Bärenhäuten und trinken immer noch eins."

„Nomen est omen"

Der Name hat etwas zu bedeuten.

Kann ein Mensch mit Namen Lahm tatsächlich Leistungssport betreiben? Wenn man dem lateinischen Satz „nomen est omen" folgt, kaum, denn der bedeutet „der Name ist ein Vorzeichen, ein Hinweis". Allerdings wird diese Redensart, seit sie von dem römischen Komödiendichter Plautus (250 – 184 v. Chr.) in seinem Stück „Der Perser", damals noch in der sinngleichen Formulierung „nomen atque omen", verwendet wurde, in der Regel scherzhaft gebraucht, wenn ein Name tatsächlich eine Verbindung zu Eigenschaften des Trägers zu bieten scheint. Als literarischer Kunstgriff genutzt, werden über den Namen Assoziationen geweckt; so ist Thomas Manns „Tobias Mindernickel" menschenscheu, und in seiner Farce „Hanswursts Hochzeit" übertreibt es Goethe regelrecht mit den sprechenden Namen seiner Protagonisten, von denen einer gar „Peter Sauschwanz" heißt. Manchmal ist „nomen" überhaupt nicht „omen", wenn zum Beispiel ein blondes Mädchen Melanie, das ist griechisch für „schwarzhaarig", genannt wird – da lacht der Altsprachler.

„Das ist mein Alter Ego"

Das ist mein zweites Ich.

Es gibt zwischenmenschliche Beziehungen, in denen eine so stark empfundene seelische Verwandtschaft herrscht, dass die Partner vom jeweils anderen als ihrem „Alter Ego", ihrem „zweiten Ich" sprechen. Die krankhafte Variante ist die des Individuums mit gespaltener Persönlichkeit, die sich in einer zweiten Identität äußert. Das bekannteste Beispiel aus der Literatur ist sicher Stevensons Dr. Jekyll mit dem Alter Ego Mr. Hyde, Biedermann und Monster in einer Person. Eine dritte, weniger dramatische Anwendung erfährt der Begriff, wenn Schauspieler mit einer Rolle dermaßen identifiziert werden, dass ihre eigene Persönlichkeit dahinter fast verschwindet; Pierre Brice hat nie wieder sein Alter Ego Winnetou ablegen können, und Romy Schneider litt unter dem ihren namens Sissi. Die Prägung des Begriffs haben wir dem römischen Schriftsteller Seneca dem Jüngeren zu verdanken, der eine Formulierung des griechischen Philosophen Zenon aufgriff und den noch heute in vielen Sprachen als Fremdwort heimisch gewordenen Terminus prägte.

„Zustände wie im alten Rom“

moralisch oder politisch bedenkliche Verhältnisse

Angesichts bedenklicher politischer Sitten entfährt so manchem der resignierende Satz „Zustände wie im alten Rom!“ Diese auf die angeblichen Verhältnisse im Rom der Kaiserzeit Bezug nehmende Redewendung stammt mitnichten aus der zeitgenössischen Literatur, sondern aus der Sprache studentischer Zirkel einer noch gar nicht so entfernten Vergangenheit. Damals war es üblich, bei allen möglichen Anlässen seine humanistische Bildung durchblicken zu lassen. Dazu gehörte ein, wie man allgemein glaubte, zuverlässiges Bild über die sprichwörtliche politische, moralische und kulturelle Dekadenz Roms, womit zeitgenössische „unhaltbare Zustände“ gern verglichen wurden. Sicher ist das von vielerlei Klischeevorstellungen geprägte Urteil auch bei heutiger Anwendung nicht ganz ernst gemeint, denn es wird in erster Linie leicht belustigt in Situationen gefällt, die mit den tatsächlichen Verhältnissen im „alten Rom“ kaum vergleichbar sind, einer unaufgeräumten Wohnung zum Beispiel.

„Hier herrscht spätrömische Dekadenz“

Kultureller oder sittlicher Niedergang hat sich breit gemacht.

Die Spätantike gilt gemeinhin als Zeitalter des Verfalls. Nicht nur, dass die Sitten verlottert gewesen seien, auch die einstmals beherrschende militärische Macht des Imperiums sei am Ende gewesen. Populärwissenschaftliche Schilderungen vom Untergang des Römischen Reiches haben dieses Klischee verbreitet. Die Geschichtsforschung aber hat das Bild, diese Zeit sei von „spätrömischer Dekadenz“ geprägt gewesen, mittlerweile revidiert. Fast zu allen Zeiten hat es Klagen über den aktuell herrschenden Sittenverfall gegeben – Stichwort „Früher war alles besser“ –, aber die Idealisierung der „klassischen“ Antike war so übertrieben gewesen, dass ihre Spätzeit im Urteil der Nachwelt nur abfallen konnte. Insofern dürfen solche Quellen nicht überbewertet werden. Auch wenn es in vielen Schulbüchern tradiert wird: Eine spezielle „spätrömische Dekadenz“ hat es in dieser Form wohl nicht gegeben. Insofern ist sie als Schreckbild nicht geeignet, auch wenn es einigen Politikern und Moralaposteln, die den heutigen Sittenverfall an die Wand malen, nicht gefallen wird.

„Das steht in den Sternen“

Das ist völlig ungewiss.

Zwei Begriffe, die etwas mit den Erscheinungen am Himmel zu tun haben, sind offenbar genau falsch herum besetzt: Astrologie und Astronomie. Astronomie heißt wörtlich übersetzt „das Gesetz der Sterne“, steht aber für die Wissenschaft, also die Lehre von den Sternen. Astrologie dagegen meint die Gesetze, nach denen sich Sterne in Tierkreiszeichen bewegen, heißt aber wörtlich übersetzt „Lehre von den Sternen“, ebenso wie Biologie die „Lehre vom Leben“ ist. Das ist paradox, denn gerade die Astrologie hat mit Wissenschaft so viel zu tun wie Wünschelrutengehen mit der Lehre vom Erdmagnetfeld. Der Grund für die vertauschten Begriffe liegt in der Antike, als zwischen Astrologie, dem älteren Begriff, und Astronomie noch kein Unterschied gemacht wurde. Besonders im orakelbegeisterten Rom fand der Glaube, dass wie aus dem Vogelflug und aus tierischen Eingeweiden auch aus den Sternen das Schicksal zu erkennen sei, großen Anklang. In der heutigen Redewendung schwingt aber ein mehr als leiser Zweifel mit, dass die Sterne die Zukunft offenbaren können.

„Das ist meine Alma Mater“

An dieser Universität habe ich studiert.

Wenn längst dem Studentenleben entwachsene Herren so ganz nebenbei durchblicken lassen wollen, dass sie eine akademische Laufbahn hinter sich haben, sprechen sie von ihrer „Alma Mater“. Nichtakademiker verstehen dann oft nur Bahnhof, aber der Eingeweihte weiß sofort, dass hier die Universität gemeint ist, an der der Sprecher studiert hat. Die Sitte, eine Hochschule so zu nennen, ist erst im Italien des 11. Jahrhunderts entstanden, als die Universität von Bologna, die älteste Europas, 1088 sich das Motto „Alma mater studiorum“, wörtlich „nährende Mutter der Studierenden“, gab, weil sie Studenten mit Wissen und Bildung füttere. Die Bolognesen griffen dabei aber auf ein altes lateinisches Attribut zurück, denn im Römischen Reich wurde als „alma“ eine nährende, Segen spendende Göttin wie Ceres geehrt. Im Mittelalter nannte man die Muttergottes „alma mater“; heute wird der Begriff nur noch für akademische Bildungsstätten verwendet, in den USA recht häufig nicht nur für Universitäten, sondern manchmal hinunter bis zur Grundschule.

„Krokodilstränen vergießen"

Mitgefühl heucheln

Obwohl kaum eines der gefräßigen Reptilien in der Lage sein dürfte, eine menschliche Regung zu verspüren, wurde ihnen nachgesagt, Tränen des Mitgefühls zu vergießen. Diese aus dem Rom des 1. Jahrhunderts stammende Redewendung hat sich bis heute gehalten – aber ein weinendes Krokodil? Der römische Gelehrte Plinius der Ältere (23 – 79) schrieb in seiner Naturgeschichte, dass Krokodile über das grausame Schicksal ihrer Beutetiere weinen würden. Dieser Aberglauben ist auf das physiologische Phänomen zurückzuführen, dass verschiedene Arten von Krokodilen, wenn sie ihr Maul zum Fressen großer Beutetiere weit öffnen, Druck auf die Tränendrüsen ausüben und Tränenflüssigkeit freisetzen. Dieses Weinen wurde angesichts der skrupellosen Raubtiere als Heuchelei interpretiert, eine – natürlich irrige – Überzeugung, die sich bis in mittelalterliche Naturlehren wie die im „Physiologus" beschriebenen hielt. Bis heute bezeichnet man eine heuchlerische Zurschaustellung von Betroffenheit oder Mitgefühl mit dieser Redewendung, obwohl die Krokodile längst von jeder menschlichen Rührung freigesprochen sind.

„Goldene Berge versprechen"

unerfüllbare Zusagen machen

Der Goldreichtum in den Bergen Persiens, des heutigen Iran, war im Altertum sprichwörtlich. Gleichzeitig lag dieses Land für den normalen Bürger Roms so weit entfernt, dass die „goldenen Berge" Persiens in etwa dem El Dorado späterer Zeiten entsprachen, einer sagenhaften, aber unerreichbaren Weltgegend. Wenn man jemandem also goldene Berge versprach, war dies kaum einzulösen, so ähnlich wie die Sterne vom Himmel. Der berühmte römische Komödiendichter Publius Terentius Afer (um 190 – 159 v. Chr.) verwendete diese Formulierung in einem Lustspiel, als er einem Protagonisten „Berge Goldes" versprechen ließ und ihn so nach Kilikien lockte. Erasmus von Rotterdam, der später eine Sprichwörtersammlung veröffentlichte, führte darin diese Redewendung ebenfalls auf den „Größenwahn der Perser" zurück und bezeichnete sie als „sprichwörtliche Hyperbel dafür, dass jemand großartige Versprechungen macht und die herrlichsten Dinge in Aussicht stellt".

„Quo vadis?"

Wo soll das hinführen?

Bibelkenner wissen, dass es neben den „offiziellen" Büchern des Neuen Testaments auch so genannte „apokryphe" gibt, Texte, die aus bestimmten Gründen nicht in den Kanon des Evangeliums aufgenommen wurden. Aus einem dieser Bücher, den so genannten Petrusakten, stammt dieses Zitat. Es ist einer Szene entnommen, in der dem Apostel Petrus auf der Flucht aus Rom Jesus erscheint, dem er die Frage stellt: „Quo vadis, domine? – Wohin gehst du, Herr?" Der polnische Schriftsteller Henryk Sienkiewicz ließ 1895 um diese Episode herum seinen berühmten Roman „Quo vadis" spielen. Der Stoff wurde mindestens fünf Mal verfilmt, aber die Fassung von 1951 mit Peter Ustinov in seiner Paraderolle als Kaiser Nero ist die bekannteste; dramatische Höhepunkte sind der Brand Roms und die Christenverfolgung. Heute wird die Phrase „quo vadis" oft im Sinne von „Wo soll das nur hinführen?" verwendet. Dass es in Frankreich eine Automarke namens Quo Vadis gab, lässt Rückschlüsse auf mangelhafte Lateinkenntnisse des Gründers zu. Die Wagen wurden denn auch – nomen est omen – nur von 1900 bis 1902 hergestellt.

„Mit seinem Latein am Ende sein"

ratlos sein, nicht mehr weiterwissen

Die lateinische Sprache war, ausgehend von Rom als antiker Weltmacht, die Amtssprache im ganzen Mittelmeerraum und auch in den Provinzen. Latein blieb auch im Mittelalter die lingua franca, also die Verkehrssprache über Grenzen hinweg. Die klassische Sprache Ciceros war nicht nur die Sprache der Kirche, sondern bis in die Neuzeit die Sprache der Literatur, Wissenschaft und Politik - noch bis ins 19. Jahrhundert wurden die Vorlesungen an den Universitäten in ganz Europa auf Latein gehalten! Für den einfachen Mann war diese Sprache schon immer unverständlich, sowohl im Gottesdienst als auch vor Gericht, wo oft aus lateinischen Quellen zitiert wurde. In der Medizin ist auch heute noch die lateinische Terminologie, ergänzt durch altgriechisches Vokabular, die Regel. Kein Wunder, dass die Patienten beunruhigt sind, wenn der Arzt lateinische Fachbegriffe murmelt. Wenn ein Arzt die Krankheit nicht erkennt oder ihren – lateinischen – Namen nicht weiß, kann durchaus der Eindruck entstehen, er sei mit seinem Latein am Ende.

Stichwortverzeichnis

A

B

C

D

E

F

M

N

O

P

Q

Literaturverzeichnis

Georg Büchmann, Geflügelte Worte, Berlin 1961

Arthur Cotterell, Die Enzyklopädie der Mythologie, Reichelsheim 1999

Duden Redewendungen. Wörterbuch der deutschen Idiomatik, Mannheim 2002

Homer, Ilias und Odyssee, Wiesbaden o.J.

Herbert Hunger, Lexikon der griechischen und römischen Mythologie, Reinbek 1974

Karl Erich Krack, Redensarten unter die Lupe genommen – Vom Ursprung und Sinn vielgebrauchter Redewendungen und Begriffe, Berlin 1961

Klaus Müller (Hrsg.), Lexikon der Redensarten, Herkunft und Bedeutung deutscher Redewendungen, München 2005

Reinhard Pohlke, Das wissen nur die Götter, Frankfurt am Main und Leipzig, 2002

Lutz Röhrich, Lexikon der sprichwörtlichen Redensarten, Freiburg 2003

Gustav Schwab, Die schönsten Sagen des klassischen Altertums, Wien Heidelberg 1963

Verwendete Internetseite: www.wikipedia.de

Bildnachweis

Die Illustrationen sind folgenden Werken entnommen:

Jakob von Falke, Hellas und Rom.
Eine Culturgeschichte des classischen Altertums, Stuttgart 1879

Meyers Konversationslexikon, Leipzig und Wien,
Vierte Auflage, 1885-1892

Wilhelm Wägner, Hellas, Leipzig 1886

Ebenfalls im Regionalia Verlag erschienen:

Sei gerüstet und verdiene Dir die Sporen, damit Dir niemand das Wasser reichen kann und alle vor Neid erblassen.

Viele Redensarten, die uns in »Fleisch und Blut« übergegangen sind, stammen aus dem Mittelalter. Hier wird ihre Herkunft erklärt. Ein Buch auch zum Schmunzeln.

Schwein gehabt!
Redewendungen des Mittelalters
ISBN 978-3-939722-31-1
128 Seiten • 16,5 × 19,8 cm • Hardcover

Manche gehen von Pontius zu Pilatus, andere sogar über den Jordan, doch wer suchet, der findet und kann dann seine Hände in Unschuld waschen. 200 Redewendungen aus der Bibel enthält dieses Buch, verständlich, kenntnis- und abwechslungsreich erklärt.

Wer's glaubt wird selig!
Redewendungen aus der Bibel
ISBN 978-3-939722-36-6
128 Seiten • 16,5 × 19,8 cm • Hardcover